Neue Bastelideen rund ums Jahr

Neue Bastelideen rund ums Jahr

herausgegeben
von Inge Uffelmann

Buch-Vertriebs-GmbH Zürich-Wollerau

Die Modelle stammen im einzelnen von den folgenden Urheberinnen und Urhebern: Christine Adjano: Seite 24, 27 unten, 41, 46/47, 115 oben rechts, 117; Heide Dopheide: 6, 99; Vera Ettelt: 28, 38, 40, 68; Iris Gleim: 20, 39 oben, 57; Claudia Hüfner: 80, 82, 88, 91, 94; Birgitta Jetzek-Berkenhaus: 32/33, 60, 62, 65, 74/75; Dieter Köhnen: 51, 66/67, 96, 98, 100, 102/103, 106, 118/119; Barbara Löschenkohl: 114, 122; Britta F. Lohse: 72; Jutta Maier: 84, 92; Frauke Michalski: 105, 107, 129; Bettina Michel/Georg Scheidtmann: 34, 36, 42, 54; Eva Rüscher: 101, 104; Margarete Schorege: 110, 120; Reinhild Schulze: 78; Alice und Rolf Schurr: 52/53, 58, 70/71, 76/77; Monika Twachtmann: 22/23; Wolfgang Velte: 31, 48/49, 86; Sigrid Wetzel-Maesmanns: 112, 126, 128.

Auslieferung:
Buch-Vertriebs-GmbH, Postfach, CH-8832 Wollerau

ISBN 3 8166 9805 0

Umschlaggestaltung: Peter Udo Pinzer
Titelbild: Steckfiguren u. Papier: Photo Illustr. Ltd., London; Mond: B. Scholtzen, Mönchengladbach; Farbkasten: W. Vollmer, Köln
Fotos: Art TEC photo-design Studio Gerhard Burock, Wiesbaden: 27 unten, 41, 47, 82, 84, 92, 94; **Christian Gärtner,** Köln: 115 oben, 117; **Achim Kalk,** Kelkheim: 8, 105, 107, 121, 129; **Fotostudio Anna Peisl,** München: 108; **Thomas Pfündel,** Stuttgart: 2; **Photo Illustrations Ltd.,** London: 6, 10–13, 20, 27 oben, 28, 31–34, 38–40, 42, 48/49, 52–54, 57/58, 60, 62, 68, 70–72, 74–78, 80, 86–88, 99, 103, 110, 116, 120, 122, 126, 128; **B. Scholtzen,** Möchengladbach: 96; **Wolfgang Vollmer,** Köln: 24, 46; **Isabella Wirth,** Wiesbaden: 17, 101, 104; **Wolfgang Zöltsch, pool-Studios,** Griesheim: 22/23.
Zeichnungen: Nicola Fritzhanns, Niedernhausen: 113, 116/117, 127/128; Ulrike Hoffmann, Bodenheim: 89–91, 95, 111, 121; Stefan Koter: 67; Barbara Löschenkohl, München: 115, 123–125; Daniela Schneider, Frankfurt am Main: 18/19, 29/30, 37, 43–45, 55/56, 61, 63–65, 69, 73, 79, 81, 85, 87, 93; Arthur Wein, Zülpich: 25/26.
Reinzeichnungen der Mustervorlagen: Ulrike Hoffmann, Bodenheim.

Satz: FROMM MediaDesign GmbH, Selters/Ts.
Gesamtkonzeption: Buch und Zeit Verlagsgesellschaft mbH, D-Köln

817 2635 4453

Inhalt

Einleitung

Dieses lustige Bärchen zeigt, welche Bastelvorschläge sich auch für kleinere Bastler eignen.

Fast alle Kinder basteln für ihr Leben gern, und vielleicht gehörst auch du dazu. Am meisten Spaß macht es natürlich in Gesellschaft von Freunden, Geschwistern und Eltern in einer vergnügten Runde. Damit auch schon die Kleinsten fleißig mitbasteln können, haben wir ein paar Bastelvorschläge aufgenommen, die auch für sehr junge Bastler geeignet sind. Damit man sie auf Anhieb erkennt, steht immer ein kleiner Bär am Rande einer solchen Bastelarbeit. Für die Kleinsten geeignet heißt aber nicht, daß nicht auch größere Bastler an diesen Arbeiten ihren Spaß haben können. Und allemal ist es für die Kleinsten hilfreich, wenn ihnen die Größeren ein bißchen zur Hand gehen – natürlich ohne gleich alles an sich zu reißen.
Die vielen Bastelvorschläge kannst du nicht nur im hier vorgestellten Original leicht nacharbeiten, sie lassen auch viel Spielraum für eigene Weiterentwicklungen. Was sonst verboten ist, hier ist es erlaubt: Du darfst klauen nach Herzenslust – Ideen nämlich.

Auf Sicherheit achten

Freilich gibt es ein paar wichtige Grundregeln, die du unbedingt beachten mußt, damit die Bastelstunden nicht mit Wehgeschrei enden. Am allerwichtigsten ist der richtige Umgang mit Schneidewerkzeugen, also Schere, Cutter und Messer.

Die **Schere** ist ein Werkzeug, das man für die allermeisten Bastelarbeiten braucht. Kleine Kinder sollten nur vorn gerundete, realtiv stumpfe Scheren benutzen. Wenn du schon älter bist, kannst du mit spitzen, scharfen Scheren arbeiten, die für feine Schnitte unerläßlich sind. Daß man mit Scheren nicht wild in der Luft herumfuchtelt, weiß jeder, du mußt dich aber auch daran halten!
Cutter sind für viele Schneidearbeiten sehr nützlich, aber man sollte sie mit äußerster Vorsicht benutzen. Laß einen Erwachsenen zuschauen, wenn du zum ersten Mal damit arbeitest. Cutterarbeiten sollen auf einer dicken, sehr festen Unterlage (Bastelkarton) ausgeführt werden, und die Klinge des Cutters wird immer an der Kante eines Stahllineals entlanggeführt. Sofort nach Gebrauch – also immer, wenn du den Cutter aus der Hand legst – muß die Klinge vorher eingezogen werden, damit sich niemand daran verletzen kann. Stumpf gewordene Cutterklingen darf man nur mit Hilfe des vom Hersteller mitgelieferten Werkzeugs abbrechen, nie mit den Fingern, das ist viel zu gefährlich!
Messer werden für die vorgestellten Bastelarbeiten kaum benötigt. Wenn du doch einmal ein Messer verwendest, solltest du damit sehr vorsichtig umgehen – besonders mit einem scharfen Küchenmesser. Wenn du es nicht mehr brauchst, machst du es sauber und räumst es weg.

Laß dir Zeit beim Basteln, vor allem, wenn du mit Schneidewerkzeugen arbeitest. Nicht nur, weil du dich verletzen könntest, sondern auch, weil ein einziger falscher oder schlechter Schnitt eine ganze Bastelarbeit verderben kann. Das wäre doch sehr schade!

Arbeitsplatz

Zum Basteln brauchst du eine genügend große ebene Arbeitsfläche. Egal, ob das dein Schreibtisch oder der Küchentisch ist, du solltest auf jeden Fall eine Unterlage aus dicker Pappe auf die Tischfläche legen, um sie vor Kratzern, Farb- und Klebstoffflecken zu schützen. Die jüngsten Bastler sollten auf genügend hohen Stühlen sitzen, damit sie die Arbeitsfläche gut erreichen und überschauen.

Farben und Klebstoffe

Deiner Gesundheit zuliebe solltest du nur mit umweltfreundlichen Farben und Klebstoffen arbeiten. Klebstoffe ohne Lösungsmittel gibt es inzwischen überall zu kaufen, ebenso ungiftige Farben. Sind andere Produkte unbedingt erforderlich, so arbeite bitte in Gegenwart von Erwachsenen, die dir Hilfestellung geben können und aufpassen, daß nichts passiert.

Material und Werkzeug

Bei den einzelnen Anleitungen steht, welche Materialien und Werkzeuge du brauchst. Wichtige Grundtechniken werden im ersten Kapitel erklärt. Dort steht, wie man mit Papiermaché, Moosgummi oder Eiern bastelt und wie man Fensterbilder anfertigt.

Die Sammelkiste für Bastler
Wer viel bastelt, sollte sich eine Bastelkiste anlegen, in der alles Material aufbewahrt wird, das sich im Laufe der Zeit ansammelt und sich für Bastelarbeiten eignet. Viele Bastelmaterialien bekommst du kostenlos, denn sie fallen als Abfall im Haushalt an. Zum Beispiel die Pappinnenrollen von Klo- und Küchenpapieren, Woll-, Stoff- und Lederreste, Eier-, Käse-, Streichholz- und andere Schachteln, Joghurtbecher und andere Plastikbehälter (vor dem Sammeln gründlich spülen!), Gläser, Korken, Konservendosen und so weiter. (Achtung, Dosen können scharfe Ränder haben, erst mit der Flachzange bearbeiten!)
Reste von Papieren legst du in einen Aktendeckel aus Karton, da können sie nicht verknittern oder knicken.
Auch die Natur bietet dir Material zum Basteln: Blumen und Blätter zum Pressen, Federn, Eicheln, Kastanien, Bucheckern, Nadelbaumzapfen …

Werkzeuge
Auch Werkzeuge, die du immer wieder benötigst, solltest du in einem Werkzeugkasten griffbereit haben. Dazu gehören Scheren und Cutter, Stopf- und Stricknadeln, Holzstäbchen, weiche Bleistifte, Spitzer, Radiergummi, Lineal oder Dreieck.

Vorlagen
Zu den meisten Bastelvorschlägen dieses Buches findest du ab Seite 131 Mustervorlagen in Originalgröße. Wie du mit ihnen umgehst, ist auf Seite 130 genau beschrieben.

Mit einer solchen spitzen Schere muß man sehr vorsichtig umgehen. Sie eignet sich daher nur für größere Kinder. Die kleineren unter den Bastlern arbeiten mit einer Schere mit abgerundeten Enden

Columbia
2
NEW
STROKES
Spirit

Wie macht man das?

In diesem ersten Kapitel werden ein paar Grundtechniken vorgestellt, die später bei den verschiedenen Bastelarbeiten immer wieder gebraucht werden. Hier erfährst du, wie man Papiermaché herstellt, wie man mit Moosgummi arbeitet, wie man verschiedene Arten von Fensterbildern macht und wie man Eier ausbläst, aufhängt und bemalt.

Natürlich haben wir diese Grundtechniken nicht nur für die späteren Bastelvorschläge vorgestellt. Du kannst anhand der hier gelernten Techniken gleich loslegen und deine ganz eigenen Ideen umsetzen. Zum Beispiel brauchst du nicht zu warten, bis wieder Ostern vor der Tür steht, um mit ausgeblasenen Eiern zu basteln. Wir zeigen in diesem Buch, wie man mit Eiern ein hübsches Mobile oder einen haltbaren Blumenstrauß für jede Zeit des Jahres bastelt.

Du brauchst:
alte Zeitungen
Tapetenkleister
Weißleim
Sägemehl
Kochtopf, Sieb
Kochlöffel

So machst du Papiermaché

Zuerst zerreißt du alte Zeitungen in kleine Schnipsel, je kleiner, desto besser. Dann nimmst du einen Kochtopf, in den etwa 5 l Wasser hineingehen. Du füllst den Topf ungefähr zur Hälfte mit Schnipseln und dann bist fast zum Rand mit Wasser. Dann stellst du den Topf auf den Herd und bringst die Papiermasse zum Kochen. Reduziere die Temperatur ein wenig, lege den Deckel auf den Topf und lasse den Papierbrei etwa 15 Minuten köcheln. Rühre den Papierbrei gut durch. Wenn er etwas ausgekühlt ist, läßt du ihn auf einem Sieb gut abtropfen. Dann gibst du ihn in den Topf zurück oder schüttest ihn in eine alte Plastikschüssel. Jetzt mischt du 4 Eßlöffel Weißleim (z. B. Ponal) und 4 Eßlöffel Tapetenkleister (z. B. Metylan Instant) und etwa 10 Eßlöffel Sägemehl in die Papiermasse. Sägemehl bekommst du beim Schreiner oder in einem Baumarkt geschenkt, denn dort ist es Abfall. Du kannst das Papiermaché aber auch ohne Sägemehl verarbeiten.
Die Papiermachémasse läßt sich am besten formen, wenn sie feucht ist, so daß du mühelos Kugeln drehen und Würste rollen kannst. Ist die Masse zu

1

2

3

4

1. Nach dem Kochen rührst du Zeitungen und Wasser, bis sie zu Brei zerfallen

2. Wenn die Masse ein wenig abgekühlt ist, gibst du sie durch ein Sieb

3. Jetzt mischst du Tapetenkleister, Weißleim und Sägemehl unter den Papierbrei

4. Ist die Masse gut durchgeknetet, kannst du gleich mit dem Modellieren anfangen

krümelig, kannst du noch etwas Wasser und Weißleim dazugeben. Ist sie zu naß, mußt du entweder aus den einzelnen Klumpen noch Wasser ausdrücken oder noch Sägemehl und Kleisterpulver dazugeben.
Viel Geduld mußt du für das Trocknen aufbringen. Je nach Dicke der Objekte dauert es 2 bis 8 Tage an der Sonne oder vor der Heizung. Kleine Gegenstände kannst du auch im Backofen bei 50 °C in etwa 8 Stunden trocknen. Dann sind sie durchgetrocknet, und du kannst sie bemalen.

Beim Papiermaché mußt du damit rechnen, daß deine Hände, der Kochtopf und der Löffel von der Druckerschwärze schwarz werden. Am besten kriegst du alles mit Flüssigscheuerpulver wieder sauber

1

2

1. Blechdose außen 1 cm dick einkleiden (scharfe Kanten vorher mit einer Zange flachdrücken)

2. Machémasse mit den Händen schön glattstreichen

Modellieren und Formen

Grundsätzlich könntest du alle Objekte, die du herstellen willst, aus der reinen Papiermachémasse formen. Wegen der extrem langen Trockenzeit, die dicke Objekte brauchen, solltest du aus der reinen Machémasse aber nur kleinere Gegenstände modellieren, zum Beispiel kleine Kugeln, Sterne, Halbmonde, Herzen oder Blüten. Für größere Objekte wendest du die Einkleidetechnik an. Viele Gegenstände, die sonst als Abfall auf den Müll wandern würden, eignen sich zum Einkleiden. Das fängt bei den leeren Pappinnenrollen vom Klopapier und Küchenpapieren und -folien an, reicht über alte Gläser und Flaschen bis zu leeren Konservendosen und Plastikbehältern aller Art. Aber immer Vorsicht! Manche Gegenstände können scharfe Kanten haben.
Die ausgesuchten Gegenstände umkleidest du etwa 1 cm dick mit der Papiermachémasse, dann läßt du sie trocknen. Die Masse wird nach dem Trocknen so hart, daß du sie schleifen und sägen kannst. Möchtest du also eine besonders glatte Oberfläche, so mußt du deinen Gegenstand mit Sandpapier abschmirgeln. Du kannst ihn aber auch mit dünn angerührtem Gips oder frischem Papiermaché umkleiden. Eine solche Schicht streichst du dann, wenn sie noch feucht ist, mit einem alten Lappen glatt.

Bemalen

Zum Bemalen der getrockneten Papiermachéobjekte kannst du alle Farben verwenden: Bunt- und Filzstifte, Wasserfarben, Acryl- und Dispesionsfarben. Besondere Leuchtkraft bekommen deine Objekte, wenn du sie vorher mit weißer Dispersionsfarbe grundierst. Den endgültigen Glanz kriegen sie, wenn du sie ganz zum Schluß dünn mit Lack bepinselst.

So bastelst du mit Moosgummi

Im Hobbyhandel kannst du Moosgummi in Platten von verschiedenen Größen (A3, A4, A6) und in Stärken von 1–3 mm bekommen. Außerdem gibt es sehr viele vorgestanzte geometrische Formen, Figuren, Buchstaben und Zahlen. Auch plastische Figuren wie Würfel und Kugeln gibt es vorgefertigt. Sowohl die Platten als auch die fertig gestanzten Formen sind in einer riesigen Auswahl leuchtender Farben erhältlich, und zwar sowohl einfarbig als auch bunt bedruckt.

Moosgummi ist ein künstliches Material, es besteht aus aufgeschäumtem Neopren. Das läßt manche Leute die Nase rümpfen, aber soweit man bis heute weiß, ist es absolut ungefährlich. Allerdings: essen solltest du es nicht unbedingt. Während nun die einen die Nase rümpfen, sind die anderen ganz begeistert von diesem Bastelstoff, denn er ist weich, leicht, nahezu farbecht, wasserfest, formbeständig, knautscht nicht und läßt sich leicht und doch sehr vielfältig verarbeiten. Einfach ideal ist er zur schnellen Herstellung von Schmuck, Dekorationen und Spielzeug.

Moosgummi läßt sich übrigens auch mit anderen Materialien kombinieren. So kannst du deine Arbeiten mit Wolle, Federn, Holzperlen, Wackelaugen und anderem verzieren.

Hier siehst du, in welchen Formen und Farben du Moosgummi kaufen kannst. Neben großen Platten in vielen Farben gibt es auch sehr viele bereits vorgestanzte Motive

Werkzeug

Für Moosgummi brauchst du vor allem Schneidewerkzeuge, also Bastelscheren, aber auch feine, spitze Scheren und eventuell einen Cutter. Über den Umgang mit Schneidewerkzeugen hast du doch auf Seite 6 nachgelesen. Nein? Dann hole es jetzt schnell nach! Außerdem ist für manche Bastelarbeiten eine Lochzange ganz nützlich. Zum Kleben brauchst du lösungsmittelfreien Alleskleber, außerdem selbstklebendes Klettband; daneben Nadel und Faden, ein Lineal, Bleistifte sowie wasserfeste Farb- oder Filzstifte und Wasserfarben.

Mit Schablonen arbeiten

Genauso wie bei Fensterbildern aus Tonkarton (Seite 14) ist es auch für viele Arbeiten mit Moosgummi günstig, sich für Formen, die man mehrmals braucht, Schablonen herzustellen. Das geht zwar leicht, macht jedoch ein wenig Mühe. Es lohnt sich aber, denn hinterher läuft die Arbeit um so schneller. Auf das Motiv der Vorlage – sie kann aus diesem oder irgendeinem anderen Buch stammen – legst du ein Blatt Transparentpapier oder einfaches Butterbrotpapier, malst den Umriß des Motivs nach und schneidest es aus dem Papier sorgfältig aus. Diesen Ausschnitt befestigst du nun mit ein wenig Klebstoff oder mit dem Hefter auf festem Tonpapier. Dann schneidest du entlang der Umrißlinie des Transparentpapieres den Tonkarton aus und erhälst so eine stabile Schablone. Die legst du jetzt auf das Moosgummi, und mit einem Stift fährst du die Umrisse so oft nach, wie du die Form brauchst. Auf diese Weise kannst du die Form rasch selbst in 10 verschiedenen Farben anfertigen. Zum Schluß schneidest du die vorgezeichneten Motive aus dem Moosgummi aus. Die Schablone hebst du natürlich auf! Sie hat ja schließlich eine Menge Arbeit gemacht, und wer weiß, morgen kannst du dasselbe Motiv vielleicht für ein Fensterbild aus Tonpapier verwenden.

Direktes Übertragen

Wenn du ein Motiv ganz sicher nur ein einziges Mal brauchst, lohnt sich die Herstellung einer Schablone natürlich nicht. Dann paust du das Motiv entweder direkt von der Vorlage oder von einem Transparentpapier auf das Moosgummi ab.

Ausschneiden und Kleben

Wenn du das Motiv aus dem Moosgummi ausschneidest, muß du darauf achten, daß die Schnittkante sauber und gleichmäßig verläuft. Setze deshalb die Schere beim Schneiden so wenig wie möglich ab. Also keine kleinen Schnitte mit der Scherenspitze machen, sondern das Moosgummi beim Schneiden der Schere entgegendrehen. Mit dem Cutter solltest du nur gerade Schnitte ausführen.
Zum Kleben eignet sich am besten Pattex compact, mit dem du allerdings sehr vorsichtig umgehen mußt. Schraube die Tube immer sofort wieder zu, wenn du keinen Kleber mehr brauchst. Lege dir einen Untersetzer aus Pappe oder Papier unter die Tülle der offenen Tube, damit kein Klebstoff auf Material ausläuft, das du noch benutzen willst. Wenn du Klebstoff an den Fingern hast, rubble ihn sofort ab. Reibe dir niemals mit klebstoffverschmierten Fingern die Augen und stecke die Finger auch nicht in den Mund, wenn du Klebstoff dran hast!

Kleine lustige Fingerpuppen lassen sich mit Moosgummi leicht basteln. Sie sitzen sehr gut auf den Fingern, so daß man mit ihnen munter drauflosspielen kann

So machst du Fensterbilder aus Papier

In der Liste links steht alles, was du brauchst, um Fensterbilder aus Papier zu basteln. Das benötigte Tonpapier gibt es als Einzelbögen und in Blökken, die eine schöne Farbpalette enthalten. Tonpapier ist nicht sehr dick, läßt sich aber leicht schneiden. Deshalb kannst du es besonders gut für die Teile verwenden, die du doppelt brauchst und die aufeinandergeklebt werden. Durch die Dopplung ergibt sich dann die nötige Festigkeit. Allerdings ist Tonpapier nicht lichtecht, es bleicht nach einiger Zeit aus.

Wenn du Tonkarton verwendest, solltest du dich für eine mittlere Dicke entscheiden; die Stärken 170 g oder 200 g sind richtig, noch dickerer Karton läßt sich zu schwer schneiden. Der Karton ist aber sowieso nur für Teile gedacht, die größere Stabilität haben müssen. In unserem Beispiel,

Du brauchst:
Tonpapier und Tonkarton
Zeichenkarton
Transparentpapier
Klebstoff
Büroklammern
Bleistift
Filzstift
Radiergummi
Lineal, Zirkel
Schere, Cutter
Bindfaden
Locher
Hefter (Tucker)

Übertrage die Konturen der Schablonen auf das jeweils passende Tonpapier. Für doppelt benötigte Teile faltest du einen Bogen Tonkarton, fixierst ihn mit Büroklammern, damit nichts verrutscht, und schneidest beide Teile gleichzeitig aus

der Entenfamilie auf der nächsten Seite, wäre das nur der blaue Ring. Farbloses Transparentpapier brauchst du zum Durchmalen der Vorlagen – dafür ist ein 60-g-Papier völlig ausreichend. Du kannst aber auch einfaches Butterbrotpapier nehmen, das ist am preiswertesten. Seiden- und buntes Transparentpapier brauchst du zum Hinterkleben von Transparentbildern. Seidenpapier ist sehr dünn und matt, mit farbigem Transparentpapier erzielst du eher eine glänzende, sattfarbige Wirkung.

Schnitt und Montage

Da man das Fensterbild ja von beiden Seiten bewundern möchte, muß es von beiden Seiten gleich aussehen, und das heißt, man braucht die meisten Einzelteile mindestens zweimal. Es lohnt sich also, Schablonen herzustellen, vor allem auch, wenn du dasselbe Fensterbild mehrmals basteln möchtest. Wie du die Schablonen machst, steht auf Seite 13. Teile, die du nur einmal brauchst, kannst du direkt von der Vorlage auf den Tonkarton abpausen. Wenn du dafür Schneiderkopierpapier statt Kohlepapier verwendest, ist die Gefahr, daß etwas verschmiert, geringer. Die Vorlage für unser Beispiel, die Entenfamilie, findest du auf Seite 148/149.
Da du viele Teile doppelt ausschneiden mußt, geht das besser, zeitsparender und genauer, wenn du einen Bogen Tonpapier faltest, am Rand mit Heftklammern – oder mit dem Tucker – fixierst und dann die beiden Teile auf einmal ausschneidest. Auf dieselbe Art und Weise kannst du auch zwei

Blatt unterschiedlicher Farbe zusammennehmen, wenn du ein und dasselbe Motiv in zwei verschiedenen Farben brauchst. Zum richtigen Schneiden gibt es auf der nächsten Seite noch ein paar Tips.

Sind nun alle Teile ausgeschnitten, legst du sie zunächst einmal zur Probe zusammen, ehe du anfängst zu kleben. Überlege genau, welche Teile innen, welche außen hinmüssen. Bei unserem Beispiel wird erst ein hellblauer Teich auf den dunkelblauen Ring geklebt. Dann kommen die drei Enten auf den Teich, danach wird das Bild umgedreht. Die Grasbüschel und die Entenschnäbel werden eingeklebt, und der Hals der tauchenden Ente kommt auf den blauen Ring. Unten am Kopf wird der Schnabel eingeklebt, dann wird der zweite Kopf der tauchenden Ente paßgenau aufgesetzt. Jetzt kommt auf das Ganze die zweite Teichhälfte, darauf werden

Montieren der Teile: Erst von vorn den Teich auf den Ring kleben, darauf die Enten, dann umdrehen und die Schnäbel, die Grasbüschel, den Kopf der tauchenden Ente und den zweiten Teich aufkleben

Nun wiederum die Enten an den passenden Stellen in der richtigen Reihenfolge aufkleben. Die Entenaugen malst du mit einem Filzstift ein. Schließlich noch den Faden zum Aufhängen einfädeln – fertig!

1 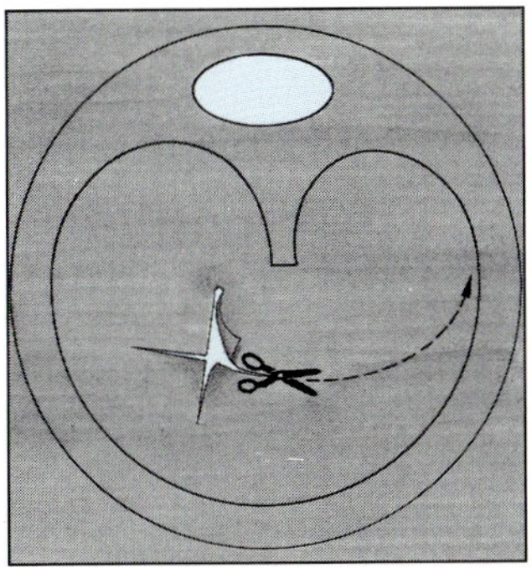

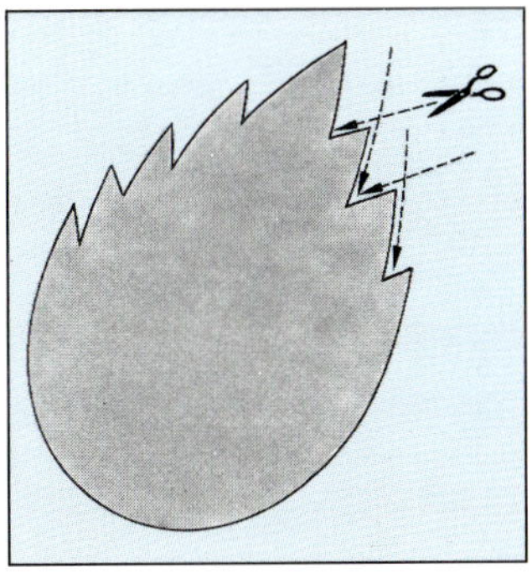

1. Innenflächen erst kreuzweise einschneiden, dann zur Umrißlinie hin schneiden

2. Bei gezackten Rändern immer neu zum Schnitt ansetzen. Mit der Schere von außen nach innen, mit dem Cutter umgekehrt schneiden

wieder die Enten geklebt. Nein, wir sind noch nicht fertig – das Bild braucht noch eine Aufhängung. Auf der Nebenseite steht, wie's gemacht wird.

Richtig schneiden

Setze die Schere nie mit einem Stich genau auf der Umrißlinie an, schneide vielmehr vom Papierrand darauf zu. Damit Rundungen wirklich rund werden, nicht mit der Scherenspitze schneiden; das Werkstück vielmehr in die weit geöffnete, sich schließende Schere hineindrehen. Innenflächen schneidest du erst kreuzweise ein, dann schneidest du die Innenfläche grob aus, zum Schluß erst den Feinschnitt entlang der Umrißlinie. Bei geraden Schnitten (Zacken) mußt du das Schneidewerkzeug immer wieder neu ansetzen. Mit der Schere schneidet man dabei von außen nach innen, mit dem Cutter von innen nach außen.

Aufhänger befestigen

Du kannst den doppelt gelegten Faden für die Aufhängung gleich zwischen zwei Lagen Papier mit einkleben, oder du schneidest ein Loch, durch das du den Faden als Schlaufe ziehst. Oder, wenn das Motiv diese beiden Lösungen nicht zuläßt, ziehst du mit einer Nähnadel einen doppelten, unten verknoteten Faden durch das Bild, so daß sich eine Schleife bildet.

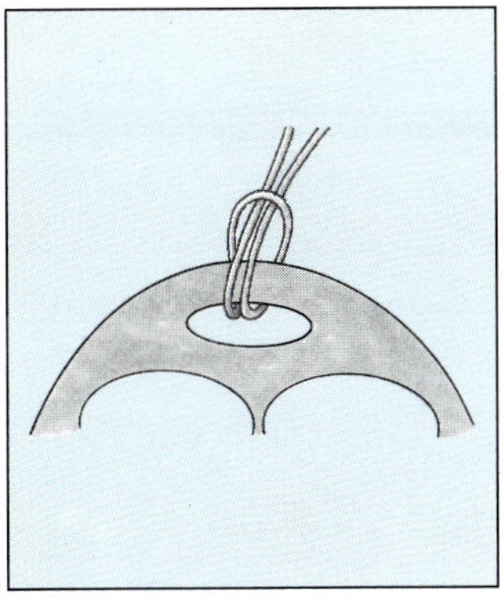

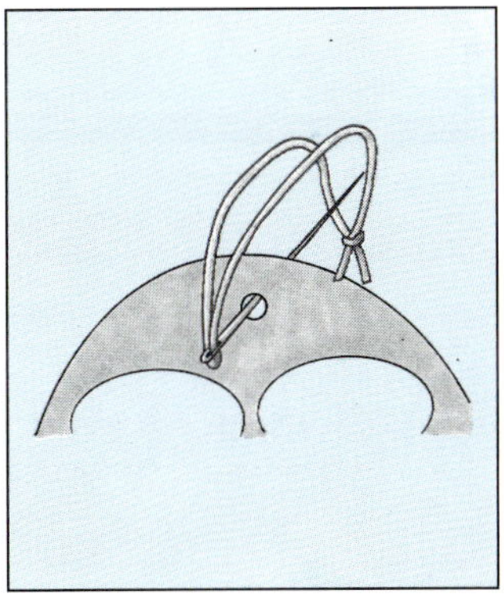

1. Schlaufe aus doppeltem Faden als Aufhänger knüpfen oder

2. Faden vorsichtig mit der Nähnadel durch das Papier ziehen

So bläst du Eier aus

Bitte deine Mutter, die Eier, die sie in der Küche braucht, nicht aufzuschlagen, sondern auszublasen. Dann hast du bald einen schönen Vorrat zum Basteln

Wenn man den Trick kennt, ist Eier ausblasen im wahrsten Sinne des Wortes kinderleicht. Mach es so: Stich erst mit dem Eierstecher oder mit dem Dorn des Milchdosenöffners ganz vorsichtig oben und unten je ein Loch in die Schale. Aber wirklich vorsichtig, damit das Ei nicht zerbricht und das Loch nicht zu groß wird. Zu klein darf es allerdings auch nicht sein. Ein Schaschlikspieß aus Holz muß gut hindurchpassen. Und so einen Spieß nimmst du jetzt auch und fährst damit tief in das Ei, damit das feine Häutchen, das den Dotter umgibt, zerreißt. Wenn du jetzt in das eine Loch hineinpustest, kommt das Ei auf der anderen Seite ganz leicht herausgeflossen. Das ausgeblasene Ei mußt du vorsichtig, aber sehr gründlich auswaschen – am besten mit warmem Wasser und etwas Spülmittel – und mindestens einen Tag lang trocknen lassen. Dann kannst du loslegen und bemalen.

Zum Ausblasen erst vorsichtig oben und unten ein Loch in die Schale bohren, dann mit einem Holzspieß in das Ei hineinfahren und die Dotterhaut zerstören. Jetzt kannst du das Ei ganz leicht ausblasen. Vergiß nicht, eine Schüssel unterzustellen

Ausgeblasene Eier bemalen und aufhängen

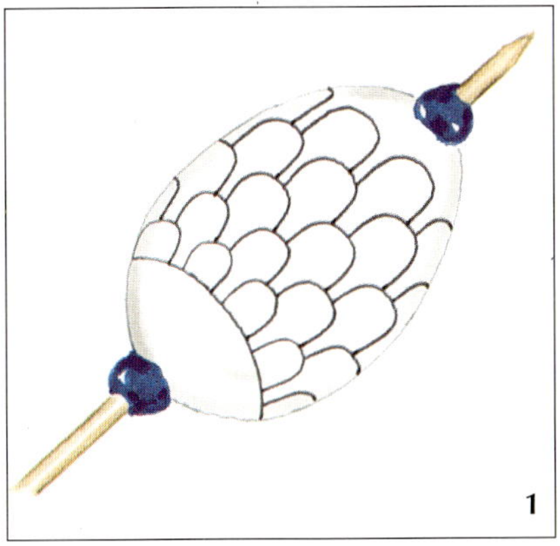

1

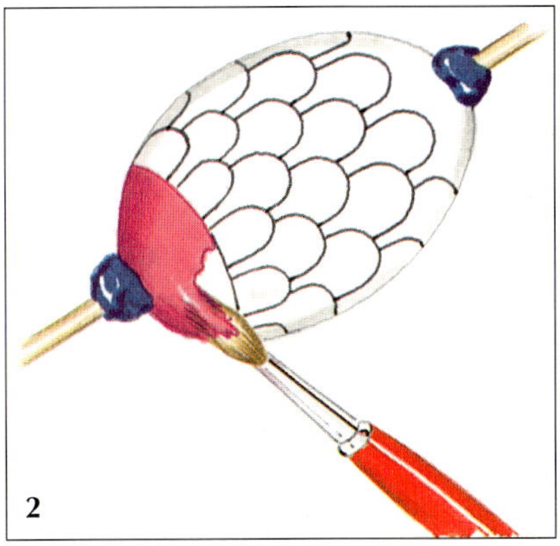

2

1. Stecke das ausgeblasene Ei auf einen Holzspieß und fixiere es oben und unten mit Knetgummi

2. Nun kannst du malen, ohne daß etwas verwischt

Eier bemalen ist nicht ganz einfach. Wie leicht kann man, wenn man sie in der Hand hält, die eben aufgetragene Farbe verwischen. Für ausgeblasene Eier gibt es da einen Trick: Du steckst auf ein Holzstäbchen ein bißchen Knetgummi (oder den Rest eines alten Radiergummis oder eine kleine Korkscheibe), darauf das Ei, und oben fixierst du es wieder mit Knete. Jetzt hast du ein Ei am Stiel, das du bemalen kannst, ohne es anfassen zu müssen.

Achte aber darauf, daß die Farbe nicht zu flüssig ist, sonst verläuft sie.
Male auch nie zwei direkt angrenzende Flächen aus, sondern lasse einen Abstand, oder male mehrere Eier gleichzeitig und lasse zwischendurch die Farben immer erst trocknen. Die Eier am Spieß kannst du zum Trocknen in ein Glas stellen.
Wie du mit Hilfe eines Streichholzes einen Aufhänger bastelst, siehst du auf den Abbildungen unten.

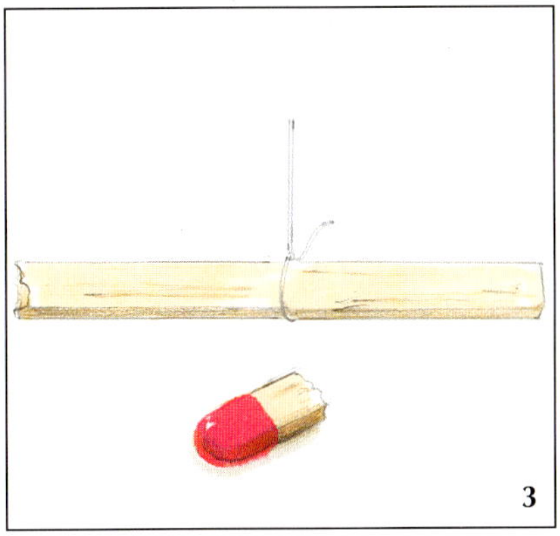

3

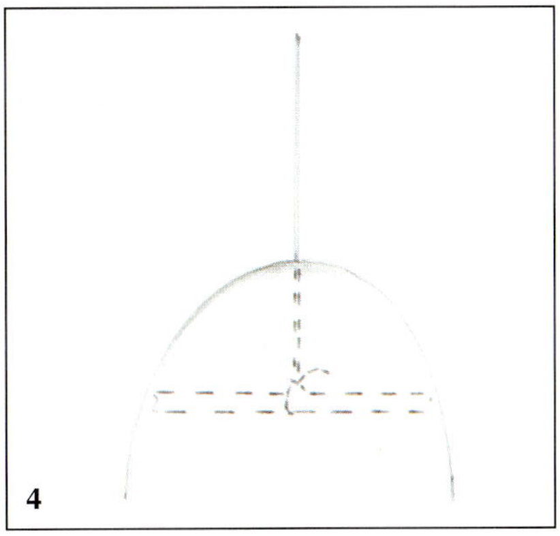

4

3. Um das Ei aufzuhängen, bindest du um ein Streichholz, dem du den Kopf abgebrochen hast, einen Faden

4. Stecke das Streichholz durch das Loch im Ei: Es legt sich quer und hält den Aufhänger

Lauter bunte Frühlingssträuße

Manchmal läßt der Frühling ganz schön lange auf sich warten. Längst schon sollten die ersten Blumen blühen, sollte die Sonne wärmer strahlen, aber die Natur läßt sich Zeit. Das verdrießt uns gar nicht, wir machen uns unseren eigenen Frühling – mit allerlei bunten Frühlingssträußen.
Fensterbilder, Blumen aus Kreppapier, ein Gesteck mit zarten Schmetterlingen, lustige bunte Eierblumen und Blumen aus Papiermaché blühen aber nicht nur, wenn das Frühjahr allzu lange auf sich warten läßt, sie sind auch schöne Geschenke, die man zum Valentinstag (14. Februar) oder zum Muttertag basteln kann. Sie machen nicht nur viel Freude, sie halten auch viel länger als gekaufte Schnittblumen.

Du brauchst:
weißen Tonkarton
Tonpapier
Transparentpapier
Schere, Cutter
Klebstoff

Hübsche Blumenfenster

Diese Fensterbilder sind recht leicht nachzuarbeiten, dennoch hast du ein schönes Stückchen Arbeit vor dir, denn die vielen einzelnen Blüten müssen sorgfältig und vorsichtig ausgeschnitten werden. Nimm dir also Zeit. Die Fensterrahmen brauchst du nur jeweils einmal, die grünen Blätter und Stiele schneidest du doppelt aus. Die Stiefmütterchenblüten brauchst du viermal doppelt und die Maiglöckchenblüten sogar achtzehnmal doppelt – es lohnt sich also, Schablonen herzustellen (siehe Seite 13). Alle Motive findest du auf dem Vorlagebogen auf Seite 131.

Wenn dir die Blumenfenster gefallen, hast du vielleicht Lust, sie mit anderen Blumen zu basteln? Dicke rote Tulpen sähen in dem weißen Rahmen sicherlich toll aus. Oder du entwirfst ganz einfach eigene, neue Blumen

Stiefmütterchen und Maiglöckchen blühen in diesem hübschen Blumenfenster. Du kannst sie einzeln aufhängen, aber auch nebeneinander machen sie sich sehr gut

Den Fensterrahmen solltest du aus etwas festerem weißem Tonkarton ausschneiden, alles andere fertigst du aus verschiedenen bunten Tonpapieren. Wie man ein Fensterbild macht, ist auf den Seiten 14 bis 17 genau beschrieben. Zuerst klebst du hier an eine Seite des Rahmens Blätter und Stengel, darauf dann die Blüten. Dann drehst du das Bild um und klebst die restlichen Teile deckungsgleich dagegen. Am besten geht das, wenn du die kleinsten Teile der Blüten nicht mit den Fingern, sondern mit einer Pinzette hältst und sehr sparsam mit dem Klebstoff bist. Das Schwarze bei den Stiefmütterchen ist mit dem Filzstift aufgemalt, der gelbe Innenteil dagegen besteht aus Tonpapier.
Natürlich kannst du auch eigene Frühlingsblumen basteln oder für die vorgegebenen Motive andere Farbkombinationen auswählen. Nimm dir dazu Papier und Filzstift und entwirf einfach „drauflos“ – es können auch Fantasieblumen oder -farben sein.

Frühlingsblumen aus Papier

Solche schönen Kreppblumen sind ganz einfach herzustellen, schon die Kleinsten können bei dieser Bastelarbeit sehr gut mitmachen. Vor allem aber bieten die Kreppblumen viel Spielraum für eigene Ideen. So kannst du beispielsweise die benötigten Quadrate in Abstufungen derselben Farbe zuschneiden und dann eine Blüte zusammenstellen, die außen rot und innen zart rosa ist, oder du wählst für die Außenblätter ein kräftiges Blau und machst die beiden Innenblätter aus gelbem Kreppapier. Auch weiße Blüten mit orangefarbenem Innenteil wirken sehr dekorativ.

Hier ein kleiner Trick für Faulenzer: Wem es zu mühsam ist, pro Blüte 6 Blatt Kreppapier auszuschneiden, der kann für die Außenblätter auch

Du brauchst:
Kreppapier
festen Blumendraht oder dünne Rundhölzer
Blumenband
Holzperlen
Schere, Lineal
Stopfnadel
Klebstoff

Einfach zu machen und sehr hübsch anzusehen: bunte Blumen aus Kreppapier

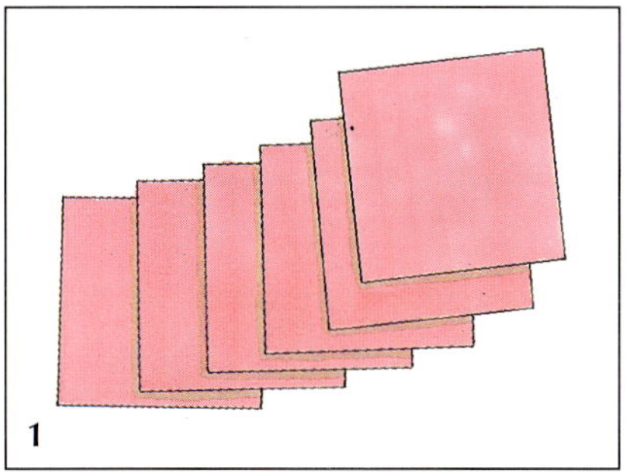

1

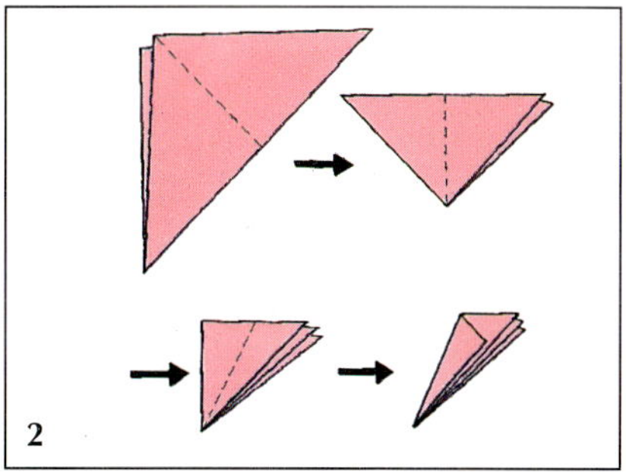

2

1. Schneide für jede Blüte 6 Quadrate von 15 cm oder mehr Seitenlänge

2. Falte jedes Quadrat in 4 Schritten, indem du jeweils die offene Kante auf die geschlossene legst

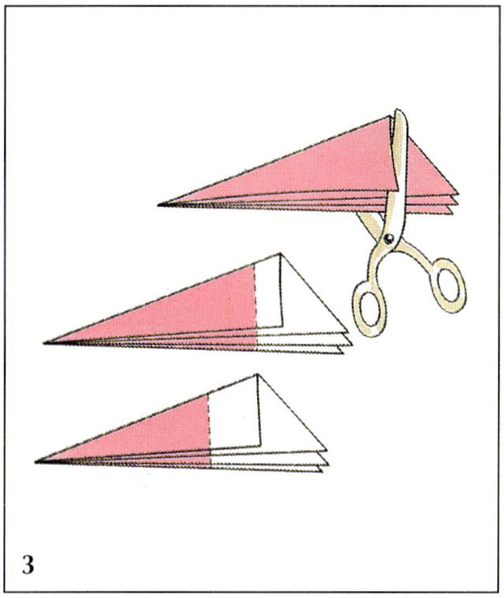

3

4

3. Schneide von 2 Quadraten das oben überstehende Dreieck weg, 2 schneidest du noch tiefer ab, und 2 halbierst du in der Mitte

4. Schneide die Tütenformen oben zu, entweder rund oder in Zacken oder Fransen

5

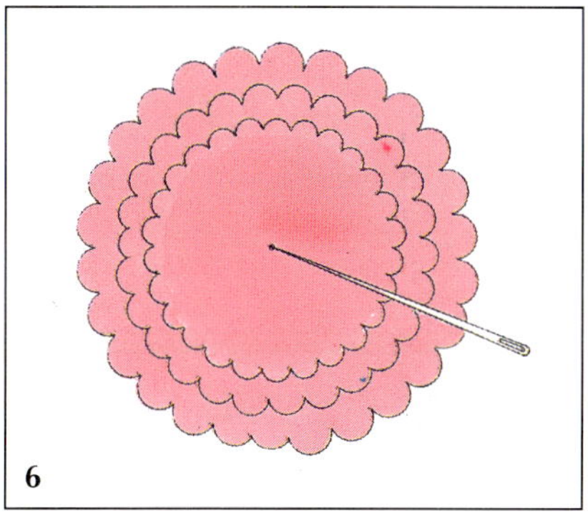

6

5. Falte die einzelnen Blätter auf und lege sie der Größe nach aufeinander

6. Mit einer Stopfnadel stichst du durch die Mitte aller Blätter ein Loch

7. Schiebe eine Perle auf den Blumendraht oder das Rundholz und klebe sie 1 cm vom oberen Ende fest. Lege die Blätter darüber, schiebe wieder eine Perle auf und klebe sie fest

8. Fasse die Blütenblätter mit der Hand zusammen, gib einen Tropfen Klebstoff auf die untere Perle und klebe das Blumenband daran fest. Umwickle den ganzen Stiel bis unten hin und klebe das Blumenband ganz unten fest

7

8

Papiertaschentücher nehmen. Sie sind allerdings, wenn sie gefaltet sind, etwas schwerer zu schneiden als Kreppapier.
Damit sind wir aber noch längst nicht am Ende der Variationen. Du kannst die Blüten nämlich auch ohne Stiel basteln. Du gehst genauso vor, wie beschrieben. Statt aber ein Loch in die zusammengelegten Blätter zu bohren, klebst du die Lagen in der Mitte mit einem Tupfen Klebstoff aufeinander. Du hältst die Blüten ein wenig in der Hand, bis der Klebstoff gut getrocknet ist, dann zupfst du die Blüten zurecht. Schon sind deine Blüten ohne Stiel fertig. Jetzt kannst du sie als Verzierung auf ein Päckchen kleben, du kannst aber auch einen langen Bastfaden oder eine Schnur nehmen und deine stiellosen Blüten mit einer Stopfnadel darauf auffädeln. So erhälst du eine wunderschöne Blütengirlande, mit der du das Zimmer schmücken kannst. Du kannst die Blütengirlanden aber auch ins Fenster hängen – oder der Mutti zum Muttertag schenken.

Ebenfalls ein toller Zimmerschmuck für eine Party sind Riesenblumen. Sie werden wie die hier vorgestellten Blüten gemacht, nur eben größer. Das heißt, du schneidest dir Grundquadrate von 20, 25 oder sogar 50 cm Seitenlänge. Der Stiel muß dann entsprechend dicker sein. Es empfehlen sich Rundhölzer von etwa 1 cm Durchmesser. Außerdem solltest du bei sehr großen Blüten 12 Quadrate zuschneiden und sie auf 6 Größen kürzen, die großen Blüten bekommen dann mehr Fülle.
Oder probiere das Gegenteil und mache Blumen von der halben Größe, also aus Kreppapierquadraten von etwa 10 cm Seitenlänge. Nimm für die Stiele wieder Blumendraht, den du aber zunächst nicht umwickelst. Fasse deine fertigen Papierblumen, so etwa 6–8 sollten es schon sein, zu einem Sträußchen zusammen, verzwirbele die Drähte unten miteinander und lege um das Ganze eine weiße Biedermeiermanschette. Ganz zum Schluß umwickelst du die zu einem Stiel verzwirbelten Drähte mit Blumenband.

Gesteck mit Schmetterlingen

Die Blumen in diesem hübschen Gesteck sind aus Stoff und stecken in einem dicken Brocken Steckschaum. Die Schmetterlinge sind aus Tonpapier geschnitten. Die Vorlage dafür findest du auf Seite 132. Pause sie von da auf das Tonpapier oder mache dir Schablonen (siehe Seite 13). Die zugeschnittenen Schmetterlinge werden an der Mittellinie zur Hälfte geknickt, dann klappst du die Flügel nach außen. Stich auf der Mittellinie mit einer Stopfnadel zwei Löcher vor und ziehe die beiden Enden eines 40 cm langen, dünnen Blumendrahtes hindurch. Auf der Unterseite des Falters werden die Drahtenden verdreht, mit dem Draht steckst du die Schmetterlinge in den Steckschaum.

Du brauchst:
Blumenschale
Steckschaum
Stoff- und Seidenblumen
Tonpapier
Schere
Stopfnadel
Blumendraht

Schneide den Steckschaum so zurecht, daß er gut in die Schale paßt

Die zarten Schmetterlinge kannst du auch in einen Strauß mit echten Blumen setzen

Lustige Eierblumen

Aus ausgeblasenen Eiern lassen sich Blumen basteln, die niemals welken, und das geht auch noch kinderleicht. Statt des hier verwendeten Kreppapiers kann man auch Tonpapier zur Gestaltung nehmen (siehe Seite 31), aber auch mit Folien, Bändern, Wollfäden und anderen Materialien kannst du sehr hübsche Blumen basteln. Hier wird sozusagen das Prinzip der Eierblumen erklärt:

Du steckst ein ausgeblasenes Ei auf einen Schaschlikspieß, fixierst es oben und unten mit etwas Knetgummi oder Radiergummiresten und bemalst es nach Belieben. Die Abbildungen geben dir ein paar Anregungen. Damit das bemalte Ei gut trocknen kann,

Du brauchst:
ausgeblasene Eier
Plakafarben, Pinsel
Rundhölzer (30 cm)
Knetgummi
Kreppapier
Klebstoff
Buchsbaumzweige
Steckschaum
Blumentopf
Topfmanschette

Eierblumen sind keineswegs nur in der Osterzeit ein schöner Zimmerschmuck. Du kannst sie auch als Tischschmuck für deinen Geburtstag oder als Geschenk für den Mutter- oder Vatertag basteln

steckst du den Spieß in einen Block Steckschaum, in einen Topf voll Blumenerde oder in ein sandgefülltes Glas. Während die Farbe trocknet,

schneidest du aus einer Rolle Krepppapier einen etwa 2 cm breiten Streifen. Mit dem Kreppapier umwickelst du ein 30 cm langes Rundholz von Bleistiftdicke, das du mit einem Blei-

1. Schneide von einer Rolle Krepppapier einen etwa 2 cm breiten Streifen

2. Umwickle damit das Rundholz, klebe beide Papierenden fest

3. Stecke das Holz durch die Löcher deines bemalten Eies, so daß gerade die Spitze herausschaut, setze eine Kugel aus Knete oder Fimo auf die Spitze und drücke sie fest.

4. Schneide dir 4 x 15 cm große Streifen Krepppapier, ziehe die Streifen zwischen Daumen und Zeigefinger etwas wellig oder schneide Fransen hinein

5. Klebe den Kreppapierstreifen vorsichtig um das Ei

6. Einen zweiten Streifen Krepppapier klebst du ebenso an, nur etwas tiefer

7. Der unterste grüne Streifen für den Kelch wird direkt an das Holz geklebt

6

7

stiftspitzer an der einen Seite angespitzt hast. An den Endpunkten oben und unten klebst du das Papier fest. Nun mußt du die Löcher in den ausgeblasenen Eiern sehr vorsichtig ein wenig erweitern, indem du immer dikkere Hölzchen drehend hineinbohrst. Du kannst dafür auch einen Kreuzschlitzschraubendreher nehmen.

Wenn die Löcher groß genug sind, wird das Rundholz so weit in das Ei hineingeschoben, daß die Spitze oben auf der anderen Seite wieder herausschaut. Auf die Spitze wird eine passende Holzkugel oder ein Kügelchen Knetgummi geklebt.

Nun schneidest du die Papiere für die Verzierung zu. Das kann Krepp- oder Tonpapier oder auch Transparentpapier sein. Die Länge der Papierstreifen richtet sich nach der Dicke des Eiumfanges. Die vorbereiteten Papiere klebst du mit wenig Klebstoff vorsichtig um die Eier. Vorsicht, daß kein Klebstoff unter der Klebestelle hervorquillt. Du arbeitest immer von oben nach unten, wobei der nächstfolgene Streifen den vorhergehenden etwas überlappt. Wie viele Streifen du wählst, ist dir überlassen. Der letzte Streifen ist das Blattgrün, er bildet zugleich eine Art Manschette und wird direkt mit dem Rundholz verbunden.

Die fertigen Eierblumen steckst du in einen Topf voll Steckschaum oder in irgendeine andere Masse (beispielsweise normale Blumenerde), in der sie genügend Halt haben. Zur Verzierung eignen sich Buchsbaumzweige ganz besonders gut.

Den Blumentopf kannst du nach eigenen Ideen bemalen, du kannst ihn aber auch mit einer fertig gekauften Blumentopfmanschette umkleiden.

Eierblumen für Fortgeschrittene

Edler wirken Eierblumen, wenn sie mit schmalen Streifchen von Tonpapier gearbeitet werden, wie es bei diesen beiden blauen Blumen der Fall ist.

Zwei Beispiele für Schnittmuster findest du im Vorlagebogen (Seite 132). Wie du siehst, mußt du sehr präzise arbeiten, da du sehr eng beieinanderliegende, kleine Schnitte machen mußt – also eher eine Arbeit für den geduldigen Tüftler.

Die Vorgehensweise ist grundsätzlich wie auf den vorigen Seiten beschrieben. Allerdings wird hier das angespitzte Rundholz nicht mit Papier umwickelt, sondern grün angestrichen. Auch der Kelch wird anders gestaltet: Aus grünem Tonpapier schneidest du einen Halbkreis aus (Vorlagebogen) und rollst ihn zur Tüte. Die untere Öffnung der Tüte muß so dick sein wie das Rundholz. Die aus Tonpapier geschnittenen Kelchblätter werden an die Blüte und anschließend die Tüte an die Blätter und den Stengel angeklebt.

Die Wirkung der Blumen ergibt sich aus der zarten Farbabstufung der Blautöne. Du könntest aber ebenso feine Abstufungen von anderen Farben oder auch eine bunte Farbmischung wählen.

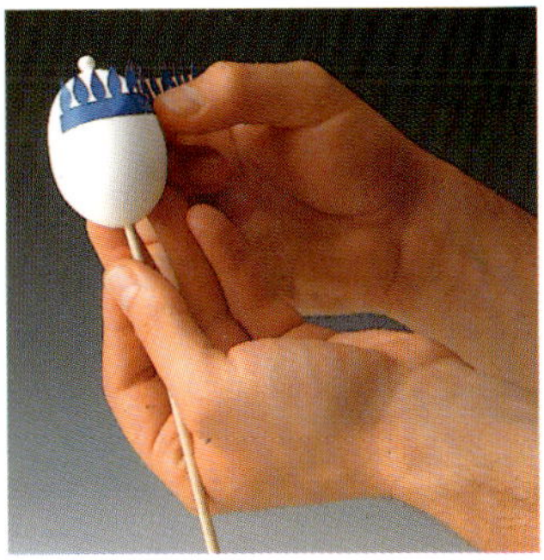

Links: Klebe die Holzkugel auf die obere Spitze des Rundholzes

Rechts: Beginne mit dem Kleben der Streifen am oberen Ende

Du brauchst:
Papiermaché
Rundhölzer
eine leere Konservendose
Farben
Lack
Pinsel

Henkel und Gießtülle der Blumenvase setzt du aus frischem Papiermaché an das fertig umkleidete Gefäß an.
Du kannst Papiermaché in einem gut verschlossenen Behälter im Kühlschrank aufheben. Da hält es sich bis zu 3 Wochen frisch

Frühlingsblumen aus Papiermaché

So toll wie diese Blumen in der Vase aussehen, so einfach sind sie auch zu machen.
Erst einmal bereitest du dir eine schöne Menge Papiermaché zu. Wie das geht, findest du auf Seite 10 bis 11. Für die Vase umkleidest du eine Konservendose mit der Machémasse und läßt sie gut durchtrocknen. In der Zwischenzeit gestaltest du die Blüten und Blätter. Du machst sie aus mehreren übereinandergelegten Scheiben verschiedener Größe, die du gut aufeinander festdrückst, oder aus Scheiben, in die du Vertiefungen drückst und dann kleine Kügelchen hineinsetzt. Oder du machst einen dickeren Kelch und setzt eine große Kugel darauf.
Dort, wo du später den Stiel – also das Rundholz – einsetzen willst, bohrst du ein Loch in die Papiermachémasse der Blüten und Blätter. Dann läßt du alles gut durchtrocknen. Und schließlich geht's an die Arbeit des Bemalens. Damit die Frühlingsblumen hübsch glänzen, kannst du sie ganz zum Schluß mit Klarlack überziehen.

Solche Blüten kannst du als Dekor für allerlei Gegenstände verwenden – du könntest zum Beispiel ein paar auf der Vase plazieren. Mit den Rundhölzern kannst du sie aber auch mit einem Stiel versehen

Allerlei Basteleien für Ostern

Wenn Ostern näher rückt, beginnt eine interessante Bastelzeit. Nicht nur die hartgekochten Eier, die am Ostersonntag auf dem Frühstückstisch stehen oder erst mühsam im Garten oder in der Wohnung gesucht werden müssen, sollen hübsch bunt gestaltet sein, auch aus ausgeblasenen Eiern lassen sich die tollsten Sachen basteln. Wenn du besonders daran viel Freude hast, solltest du rechtzeitig anfangen, die Eier, die im Haushalt gebraucht werden, auszublasen, statt sie aufzuschlagen.
Aber nicht nur mit Eiern wird zu Ostern gebastelt, auch mit Papiermaché kannst du hübsche Dinge anfertigen. Und ein paar lustige Fensterbilder oder andere Osterdekorationen nachzubasteln macht sicher viel Spaß.

Ostereier mit Trick 17

Stell dir vor, es ist Ostern und dein Malkasten ist leer! Überhaupt kein Problem – schau in deiner Bastelkiste nach, da liegen bestimmt noch Reste von Seiden- und Kreppapier. Na bitte! Nun ist der Rest ganz einfach, denn ohne Pinsel, nur mit dem Seiden- und Kreppapier bekommst du herrlich bunte Eier. Wie du mit Seidenpapier arbeitest, ist auf der nächsten Seite beschrieben, der Umgang mit Krepppapier auf der übernächsten.

Du brauchst:
ausgeblasene Eier
viele bunte Seidenpapierreste
Holzstäbchen
Knetgummi
Pinzette
ein Schüsselchen voll Wasser
einen Behälter voll Sand oder Steckschaum

Du steckst die ausgeblasenen Eier wie auf Seite 19 beschrieben auf einen Holzspieß. Dann zerreißt du das Seidenpapier in kleine Schnipsel

1

2

3

1. Mit einer Pinzette greifst du ein Stückchen Seidenpapier und ziehst es dann durch das Wasser

2. Lege die feuchten Papierchen auf das Ei, die Ränder dürfen ruhig wie Schuppen übereinanderliegen

3. Ist das Ei rundum bedeckt, steckst du das Hölzchen in einen mit Sand oder Steckschaum gefüllten Behälter. An der Sonne oder vor der Heizung läßt du die Papierchen trocknen, dabei fallen sie fast von selbst ab. Sieh da – das Ei ist herrlich bunt!

Eierkranz mit Perlen

Du brauchst:
5 ausgeblasene Eier
6 dicke Holzperlen
Holzspieße
Knetgummi
Kreppapier
ein Schüsselchen voll Wasser
50 cm Blumendraht
Buchsbaumzweige
Geschenkband
Pinzette, Schere

Lies zunächst auf der vorhergehenden Seite, wie man mit Seidenpapier Eier färbt. Wenn du nun mit Kreppapier arbeiten willst, nimmst du kleine geknüllte Bällchen von Kreppapier, tauchst sie mit der Pinzette ins Wasser und betupfst damit die Eier so lange, bis sie die Farbe angenommen haben. Du läßt das Papier also nicht auf den Eiern kleben. Bevor du mit einer neuen Farbe beginnst, muß die vorherige getrocknet sein.
Schiebe nun abwechselnd Holzperlen und Eier auf den Blumendraht, biege den Draht vorsichtig und zwirbele ihn oben zusammen. Du verzierst ihn mit Buchsbaum und gekräuseltem Geschenkband.

Dieser Eierkranz sieht am Fenster hübsch aus, aber man kann ihn auch an die Tür oder an eine Wand hängen

Du brauchst:
1 Schaumring (18–20 cm)
Dschungelgras
Krampen
Efeuranke
Deko-Hahn
ausgeblasene Eier
Farben
Klebstoff

Hahn im Osternest

Die Materialien für diesen hübschen Osterschmuck bekommst du in Hobbyläden oder Dekorationsgeschäften. Dann mußt du viele Eier ausblasen und mit Pastellfarben einfarbig bemalen. Wenn sie trocken sind, klebst du sie rundum auf den vorbereiteten Kranz, darauf eine zweite Lage etwas nach innen versetzt und vielleicht noch ein paar in die Mitte. Obendrauf setzt du den stolzen Hahn, den du fertig kaufen kannst.

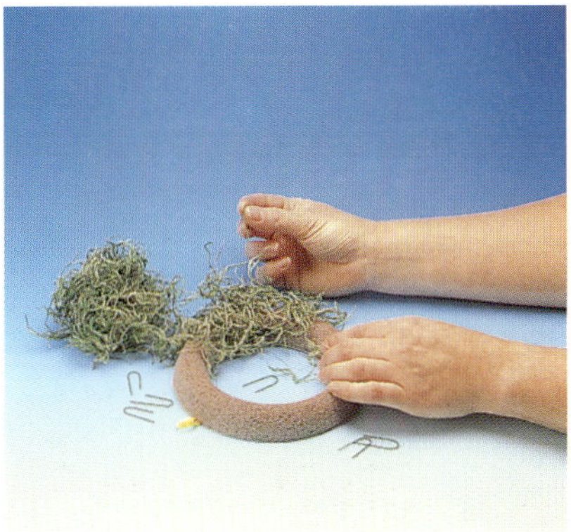

Das Dschungelgras wird mit Krampen am Schaumring festgesteckt, dann wird der Ring mit Efeuranken umwickelt

Kresseeier im Ständer

Du brauchst:
Hälften von aufgeschlagenen Eiern
Wasser- oder Plakafarben
Pinsel
Tonkarton
Bleistift
Lineal, Schere
Kleber, Watte,
Kressesamen

Damit dieser hübsche Schmuck auch wirklich am Ostersonntag zum Frühstück auf dem Tisch stehen kann, mußt du rechtzeitig mit der Arbeit beginnen – die Kressesamen brauchen nämlich 3 bis 4 Tage, bis sie keimen. Und ein wenig wachsen soll die Kresse ja auch noch. Also gib der Sache mindestens 4 Tage; 5 wären besser.

Zunächst wäschst du die Schalen der aufgeschlagenen Eier gut aus und läßt sie gründlich trocknen. Dann malst du sie von außen nach Lust und Phantasie bunt an. Für jeden kleinen Eierständer schneidest du dir aus dünnem Tonkarton einen Streifen von 2 cm Breite und 11 bis 12 cm Länge. Auf das eine Ende des Streifens tupfst du ein wenig Klebstoff, dann legst du den Streifen zu einem Ring zusammen und klebst ihn fest. Wenn es nicht gleich halten will, fixiere die Klebestelle mit einer Büroklammer.

In die bemalten Eierschalen legst du jetzt ein dickes Bett aus Watte. Feuchte die Watte an. Sie sollte nicht im Wasser schwimmen, aber auch nicht zu trocken sein. Dann streue Kressesamen darüber. Wenn du die Samen gut feucht hältst, werden sie in etwa drei Tagen aufgehen.

Sollte ausnahmsweise mit den Samen was schiefgehen, ist noch nicht alles verloren. Lege statt dessen Steckschaum in die Schalen, in den du dann Seidenblumen steckst.

Bunte Eierschalen, in denen frische Kresse wächst, sind ein schöner Schmuck für den Osterfrühstückstisch. Am Abend tust du die Kresse in den Salat. In die bunten Schalen legst du dann ein Stück Steckschaum und steckst Seidenblumen hinein

Eierbecher aus Papiermaché

Lustige Eierbecher für den Frühstückstisch zu Ostern gesucht? Bitte schön, nichts einfacher als das! Du brauchst nur Papiermachémasse, ein wenig Farbe und Geduld.
Wie du Papiermaché herstellst, ist auf den Seiten 10 und 11 genau beschrieben. Aus der frischen Masse drückst du zwischen zwei Händen einen Fladen, etwa so groß wie ein Spiegelei, das man in der Pfanne brät. Er muß in der Mitte dicker sein als am Rand. Dann nimmst du ein richtiges gekochtes Ei. Es soll nur deswegen gekocht sein, weil der Schaden geringer ist, wenn es hinfällt. Damit drückst du in den dicken Teil der Papiermachémasse eine Delle. Darin wird dein Frühstücksei später stehen. Jetzt mußt du die Masse trocknen lassen – entweder in der Sonne oder vor der Heizung (das kann zwei Tage dauern) oder im Backofen bei 50 °C. Da dauert es nur etwa 8 Stunden, kostet aber Strom.
Wenn sie ganz trocken sind, malst du deine Eierbecher an. Weiß natürlich, mit einem dicken dottergelben Fleck in der Mitte. Na, sind das nicht zum Anbeißen leckere Spiegeleier? Damit sie noch echter wirken, kannst du sie mit Klarlack überziehen, dann glänzen sie auch wie echte Spiegeleier.

Du brauchst:
Papiermaché
weiße und gelbe Farbe
Klarlack
Pinsel

Diese lustigen Spiegelei-Eierbecher werden sicher alle begeistern

Meister Lampe

Auf einen richtigen Ostertisch gehört natürlich auch ein Osterhase. Unsere beiden Gesellen hier sehen doch sehr munter und lustig aus, findest du nicht? Und sie sind ganz einfach zu basteln. Halte dich nur genau an die Anweisungen auf den nächsten Seiten, die dir Schritt für Schritt erklären, was du tun mußt, dann kann eigentlich gar nichts schiefgehen.

Du brauchst:
Papprollen
ausgeblasene Eier
Tonpapier
dünnen Tonkarton
Klebstoff
Blei- und Filzstift
Pfeifenputzer
Holzperlen
Styroporkügelchen
Watte
Schere
Küchenmesser

Zunächst kramst du in deiner Bastelkiste und suchst dir Papprollen zusammen – am besten geeignet sind die vom Toilettenpapier, die haben genau die richtige Größe und sind nicht zu fest. Außerdem suchst du aus deinem Vorrat ausgeblasener Eier solche mit brauner Schale heraus, denn wir wollen ja keinen Schneehasen basteln. Obwohl das vielleicht gar keine schlechte Idee wäre, zwischen all den braunen einen weißen Hasen sitzen zu haben? Sind gar keine braunschaligen Eier dabei, mußt du ein weißes Ei braun anmalen.

Vorlagen für alle Teile, die du aus Tonpapier zuschneiden mußt, wie die Ohren, den weißen Bauchfleck, die Beine und die Kiepe findest du auf Seite 132. Pause sie von dort ab und schneide sie aus Tonkarton oder -papier aus.

Wie du sehen kannst, haben unsere Osterhasen auch eine Kiepe. So nennt man einen Korb, den man wie einen Schulranzen auf dem Rücken tragen kann. In dieser Kiepe können sie etwas transportieren. Während Meister Lampe Nummer eins sein Waldhorn mitgebracht hat (solche kleinen Extras gibt es in Dekorationsgeschäften und im Hobbyhandel zu kaufen), hat Meister Lampe Nummer zwei ein Ei in der Kiepe. Wie du siehst, ist es nach der auf Seite 36 beschriebenen Methode mit Seidenpapier gefärbt. Leider ist es ein ausgeblasenes Windei, für ein echtes gekochtes Osterei ist unser Meister Lampe ein bißchen zu schwach, das würde ihn glatt umfallen lassen – aber ein oder zwei kleine Schokoladeneier, die kann er schon vertragen. Ihr könnt ja mal eine Belastungsprobe mit ihm machen.

Hilfe! Unser Hase hat ja keine Arme. Nimm schnell einen Pfeifenreiniger, sezte an beiden Enden eine Holzkugel auf – das sind die Hasenvorderpfoten –, biege den Pfeifenreiniger ein wenig der Rundung der Papprolle entsprechend und klebe ihn hinten in der Mitte des Hasenrückens fest.

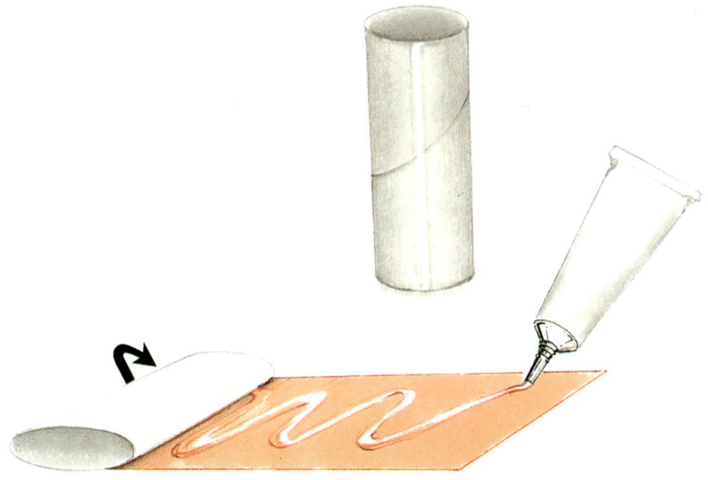

1

1. Schneide dir ein Stück Tonpapier so zurecht, daß du die Papprolle damit umkleiden kannst. Drücke die Papprolle ein wenig flach und umklebe sie mit Tonpapier

2. Das eine Ende der beklebten Rolle schneidest du schräg ab, dann sitzt das Ei besser

3. Drücke die Rolle wieder rund, gib ein wenig Klebstoff auf den Rand und klebe das Ei auf

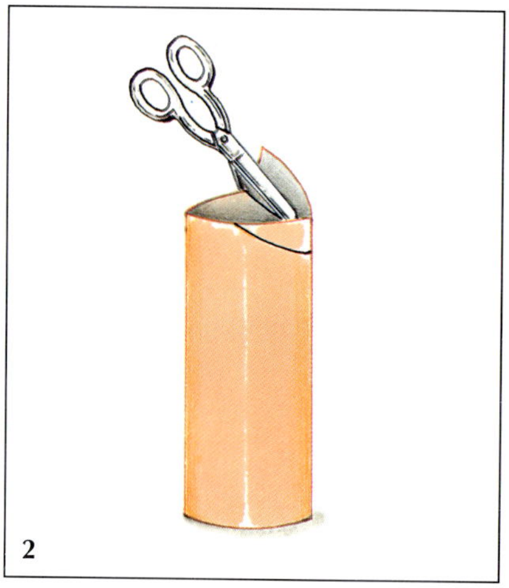

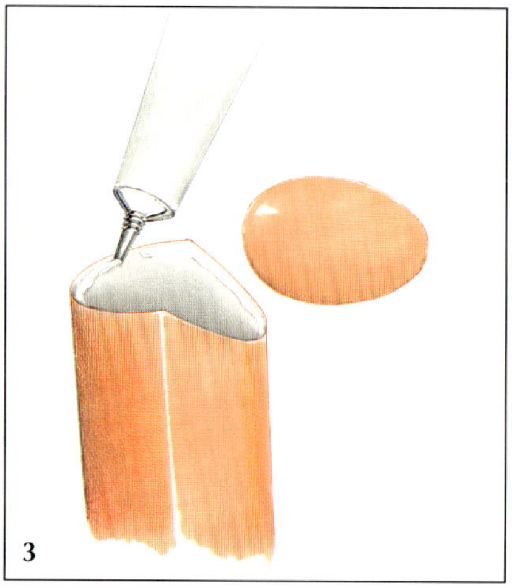

4. Klebe auf Tonpapier ausgeschnittene Beine unten hinten am Hasenkörper an

5. Klebe den weißen Bauchfleck mit der Spitze nach unten auf den Hasenbauch

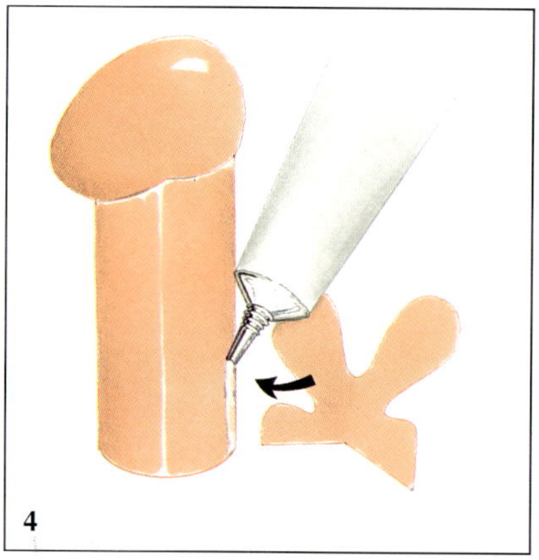

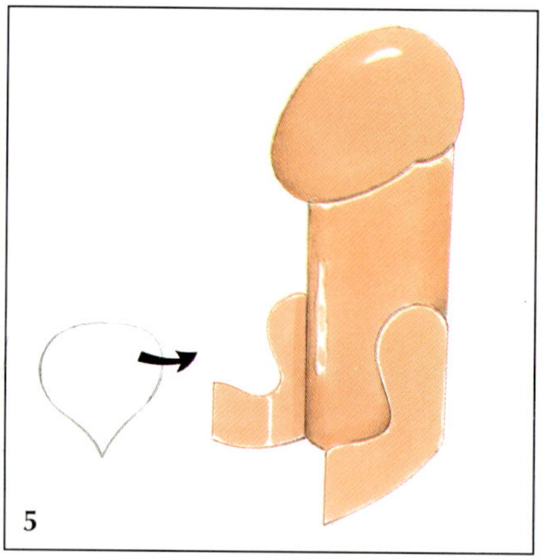

6. Klebe die Hasenohren so an das Ei, daß auch der obere Rand der Rolle bedeckt ist

7. Setze dann die roten Innenohren an den passenden Stellen ein. Du kannst auch erst das rote auf das braune Papier kleben und dann die fertigen Ohren befestigen

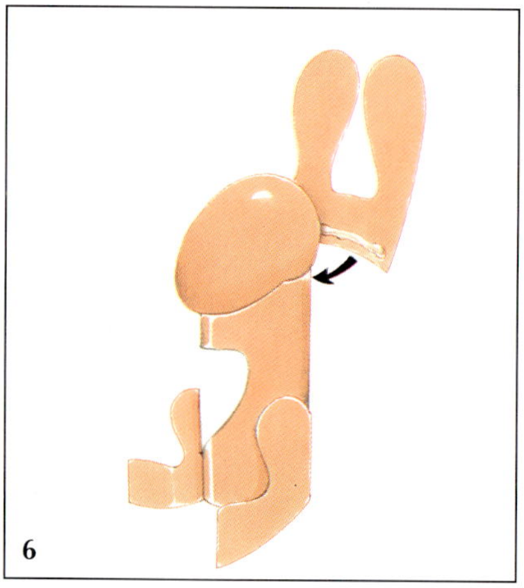

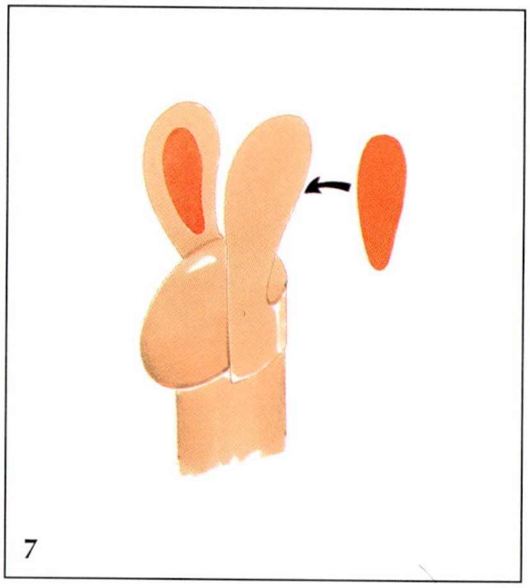

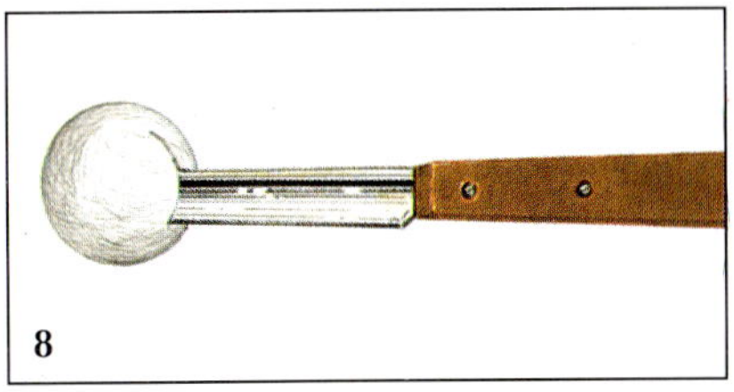

8

8. Für die Hasenpfoten schneidest du eine Styroporkugel ein

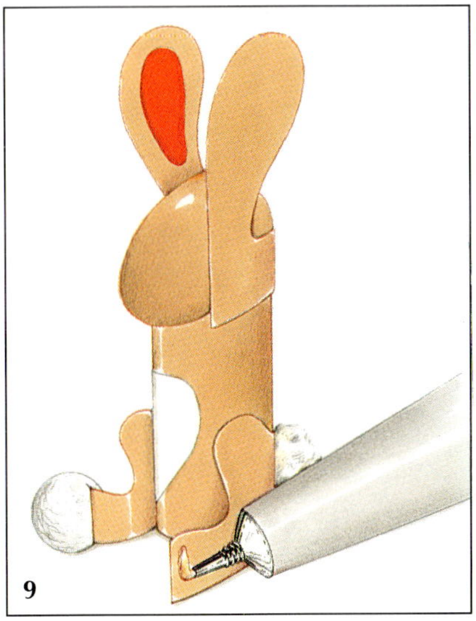

9

9. Gib auf die Außenkanten der Beine ein wenig Klebstoff und stecke sie in den eingeschnittenen Schlitz der Kugel

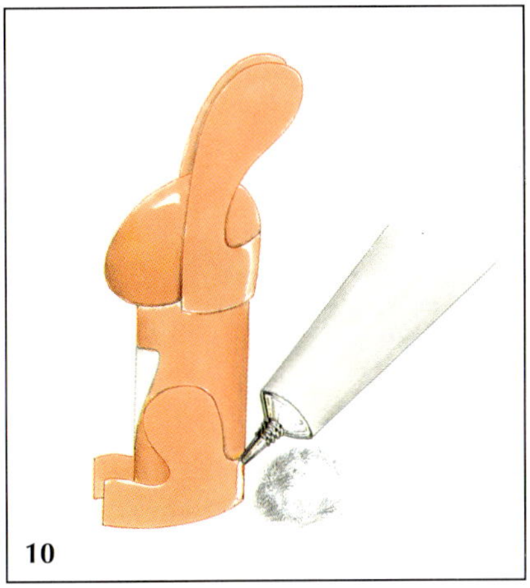

10

10. Ein kleines Wattebällchen wird hinten als Hasenschwanz aufgeklebt

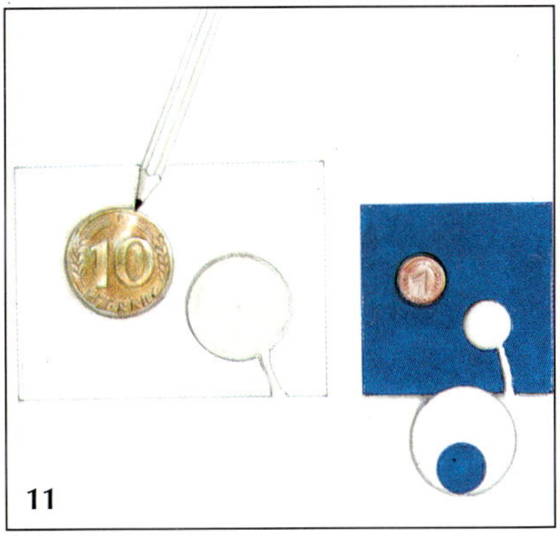

11

11. Für die Augen legst du ein großes und ein kleineres Geldstück auf Buntpapier, zeichnest die Umrisse nach und schneidest die Kreise aus. Klebe für jedes Auge erst den kleinen auf den großen Kreis und den dann auf das Ei

12

12. Nase und Mund malst du mit einem roten Filzstift auf

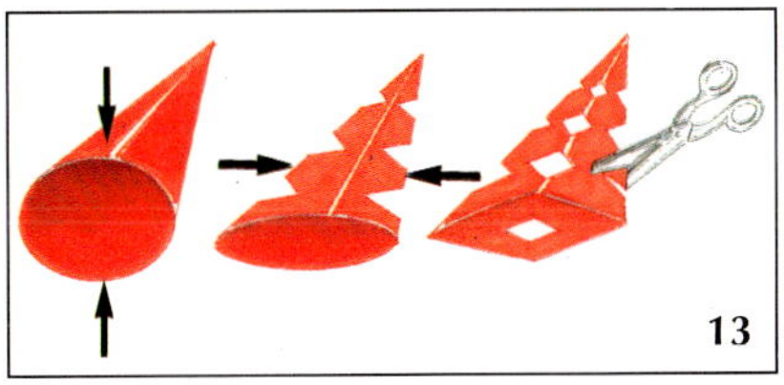

13

13. Die Kiepe klebst du zusammen, dann schneidest du sie wie auf der Zeichnung ein. Durch die Löcher ziehst du ein Band, damit bindest du sie dem Hasen um – fertig!

Lackeier

Du brauchst:
ausgeblasene Eier
Bastellack, Pinsel
Streichhölzer
Perlonfaden oder schmales Geschenkband
Streichhölzer

Lackeier sind eine eine hübsche Dekoration für Osterzweige. Besonders die interessant verschlungenen Korkenzieherhaselzweige eignen sich wunderbar, um glänzende Lackeier hineinzuhängen. Die Lackeier sind aber auch ein hübsches Mitbringsel zur Osterzeit.

Wie du die Eier ausbläst, steht auf Seite 18, auch, wie du sie fixierst, damit du sie ohne Schmiererei bemalen kannst. Da es sich um Lackeier handelt, nimmst du Plakalack zum Malen. Du kannst aber auch andere Farben nehmen und die Eier zum Schluß mit Klarlack überziehen.

Du grundierst die Eier entweder in einer Farbe und malst Muster auf, wenn die Grundierung getrocknet ist, oder du setzt viele bunte Punkte und Striche nebeneinander, bis die ganze Oberfläche bedeckt ist.

Diese Lackeier wurden zunächst einfarbig grundiert, dann wurden mit feinem Pinsel Zickzacklinien und winzige Dreiecke aufgesetzt. Die Eier hängen an dünnen Perlonfäden

Diese kräftig bunten Lackeier wurden zum Teil grundiert, zum Teil mit überlappenden Strichen bemalt. Sie sind an schmalem Geschenkband aufgehängt

Auf diese weißgrundierten Eier sind klare geometrische Muster in leuchtenden Farben gesetzt. Alle Muster eignen sich auch zum Bemalen hartgekochter Eier. Dann freilich solltest du keine Lackfarben verwenden, sondern Wasserfarben aus dem Malkasten. Damit hartgekochte Eier glänzen, reibst du sie mit einer Speckschwarte ab

Parade der Eierclowns

Du brauchst:
ausgeblasene oder hartgekochte Eier
Farben, Pinsel
Tonpapier
Holzperlen
lange Nadel
Zwirnsfaden
Schere

Unsere Eierclowns sind aus ausgeblasenen Eiern hergestellt, du kannst sie aber auch mit gekochten Eiern basteln. Dann denke aber daran, daß gekochte Eier auf einem Ständer oder im Eierbecher stehen. Du darfst also die Gesichter der Clowns nicht zu weit nach unten malen, sonst verschwindet der Mund im Eierbecher. Ein selbstgebastelter Ständer aus Tonpapier ist schon deshalb besser, weil seine Öffnung kleiner sein kann als die des Eierbechers, es schaut dann mehr vom Gesicht raus. So ein Ständer ist rasch gemacht. Schneide einfach einen Streifen Tonpapier und klebe ihn zu einem Ring zusammen – fertig.

Ob du braune oder weiße Eier wählst, ist dir überlassen, auch mußt du die Gesichter keineswegs braun grundieren. Es gibt ja genügend echte Zirkusclowns, die sich das Gesicht weiß malen, ehe sie es anschließend phantasievoll schminken.

Wenn du willst, kannst du deinen Clowns Ohren ankleben, aber sie sehen auch ohne Ohren ganz gut aus. Dann bemalst du sie mit Bastel- oder Wasserfarben. Nimm einen dünnen Pinsel und achte darauf, daß besonders die Wasserfarben nicht dünnflüssig sind. Da du feine Linien malen mußt, kannst du auch Filz- oder andere Stifte verwenden.

Für den Clown mit der Papierspirale knotest du eine Holzperle an einen Faden, den du dann in eine lange Nadel fädelst. Stich unten durch die Mitte der Spirale und ziehe dann den Faden durch das Ei. Die Perle hält jetzt die Spirale unter dem Ei und zugleich den Faden fest, an dem du das Ei später aufhängen kannst. Vorsichtshalber kannst du die Spirale zusätzlich mit einem Tropfen Klebstoff am Ei befestigen. Zum Schluß klebst du noch den aus Buntpapier ausgeschnittenen Haarkranz oben an das Ei.

Für den Tütenhut des zweiten Clowns schneidest du einen Halbkreis aus Tonpapier, drehst ihn zur Tüte und klebst ihn zusammen. An den unteren Rand kommen die Haare. Nun fädelst du wiederum mit einer kleinen Perle einen Faden durch das Ei, dann ziehst du den Faden auch durch die Spitze des Hutes, dann erst klebst du den Hut auf das Ei. Nun kannst du auch diesen Eierkopf aufhängen.

Dem Clown mit dem blauen Hut klebst du erst die Haare oben auf den Kopf. Dann bastelst du den Hut. Dazu klebst du einen aus Tonpapier geschnittenen Streifen zu einem Ring, biegst die kleinen Laschen oben und unten nach innen und klebst den Ring damit auf die Krempe. Obendrauf kommt dann der Deckel für den Hut, der jetzt dem Clown auf den Kopf geklebt werden kann. Aber wiederum vorher erst einen Faden durch Ei und Hut ziehen.

Für Ohren, Hüte, Haare und Spirale findest du Vorlagen auf Seite 133.

Statt mit Tonpapier kannst du deine lustigen Gesellen auch mit anderen Stoffen und Materialien verschönern. Die Haare kannst du aus Wolle oder Watte machen, die Hüte aus Moosgummi (siehe Seite 53) oder Filz. Du kannst den Hüten auch andere Formen geben, zum Beispiel könnte der blaue Hut ein Zylinder sein, dann mußt du den Streifen nur entsprechend breiter schneiden.

Überhaupt kannst du unsere „Eierköppe" vielfältig abwandeln. Wie wäre es zum Beispiel mit einem Zauberer mit spitzem schwarzen Hut oder einem Cowboy mit breitkrempiger Kopfbedeckung?

Nicht selten wird die Form des menschlichen Kopfes mit der eines Eies verglichen. Komischerweise mag aber niemand gern Eierkopf genannt werden. Warum eigentlich nicht? Unsere Eierclowns sehen doch sehr pfiffig aus, oder etwa nicht?

Schadenfroher Osterhase

Du brauchst:
Tonpapier
Transparentpapier
Bleistift
Filzstift
Schere
Kleber

Daß es sich bei diesem frechen Exemplar von Osterhasen um ein Fensterbild handelt, hast du sofort mit scharfem Blick erkannt. Meister Lampe ist es offensichtlich schnurzegal, daß der arme Mond sich die Nase gestoßen hat und traurig ausschaut.

Wie man ein Fensterbild macht, kannst du auf den Seiten 14 bis 17 nachlesen. Es handelt sich aber um ein besonderes Fensterbild, denn wie du sehen kannst, besteht es im Grunde aus mehreren Einzelelementen.

Da sind zunächst die Sterne. Wenn sie dir zuviel Mühe machen, kannst du sie auch weglassen. Natürlich kannst du sie aber auch für sich allein nach der Vorlage auf Seite 138/139 arbeiten und mit ganz anderen Motiven verbinden. Dann ist da der Mond, der ebenfalls allein für sich ein reizvolles Motiv sein kann, so traurig und griesgrämig, wie er aussieht. Du kannst ihn aber, wenn du die Mundlinie mit Filzstift nach oben zeichnest und das Auge etwas anders gestaltest, ganz leicht in einen fröhlich grinsenden Mond verwandeln, der die Schleife dann statt an der Nase am oberen oder unteren Ende trägt. Zu ihm passen dann wieder die Sterne.

Ob du den Mond wie hier gezeigt mit Streifen, Punkten und Ecken verzierst, dir andere Muster ausdenkst oder ihn ganz unverziert läßt, ist ebenfalls dir überlassen.

Am pfiffigsten ist natürlich der Hase selbst, der da so ungeniert die Zunge rausstreckt. Auch ihn kannst du allein basteln. Wenn du ihn vom Vorlagebogen abzeichnest, mußt du darauf achten, daß du seine untere Rundung voll ausgestaltest, denn die ist ja von der Spitze des Mondes bedeckt.

Da das ganze Fensterbild insgesamt nicht besonders groß ist, kannst du die Motive für allerlei andere Zwecke verwenden, zum Beispiel als Geschenkanhänger für ein größerers Päckchen. Den Hasen könntest du aber auch auf Tischkärtchen für die Ostertafel kleben. Das geht ganz einfach: Du zeichnest dir auf Tonkarton ein Rechteck von 15 cm Länge und 12 cm Höhe und schneidest es mit dem Cutter aus. Genau in der Mitte zwischen den Längsseiten zeichnest du dir eine dünne Linie, an der mußt du die Karte knicken. Wenn du die Knicklinie mit dem Cutter leicht vorritzt, geht das leichter. So, nun hast du eine standfähige Tischkarte. Auf die hintere Seite der Karte klebst du nun deinen Hasen so auf, daß der Bauch auf der Karte klebt und der freche Kopf nach vorne über die Karte schaut. Links neben den Hasen schreibst du den Namen dessen, der an diesem Platz sitzen soll. Erscheint dir die Herstellung von Tischkarten zu mühevoll, dann gestalte den frechen Hasen aus leichtem Tonpapier und klebe ihn mit seinem runden Bauch auf ein gekochtes Ei. Wenn du das Ei jetzt in den Eierbecher stellst, dann schaut nur das unverschämte Gesicht raus – äätsch!

Wenn du ganz viel Lust zum Basteln und Geduld hast, kannst du also den ganzen Ostertisch mit frechen Hasen dekorieren.

Für dieses tolle Fensterbild brauchst du die Grundfläche der Sterne und des Mondes, den Körper und die Ohren des Hasen nur einmal, alle anderen Teile brauchst du zweimal

Du brauchst:
Moosgummi in verschiedener Dicke
Stifte
Schere, Cutter
Pattex compact

Osterdekorationen aus Moosgummi

Das weiche, leicht zu verarbeitende Moosgummi eignet sich sehr gut, um kleine Osterdekorationen für Fenster oder für den österlichen Frühstücks- oder Kaffeetisch zu basteln.

Osterkörbchen
Den Grundriß für die kleinen Körbchen auf der nächsten Seite, deren Boden und Rand aus einem Stück geschnitten werden, findest du – genau

wie die Verzierungen – auf dem Vorlagebogen auf Seite 139. Wenn du die Körbchen ausgeschnitten hast, ritzt du das Moosgummi an den gestrichelten Linien mit dem Cutter leicht an – Vorsicht, nicht durchschneiden! – und klebst das Körbchen zusammen. Aus einem langen, schmalen Moosgummistreifchen machst du einen Henkel und klebst ihn an. Zur Verzierung kannst du eines oder mehrere der auf dem Vorlagebogen abgebildeten Motive wählen, die du nach eigenen Vorstellungen weiter ausgestaltest oder einen kleinen Zopf flechten und ankleben (aus 3 Moosgummistreifen von 0,5 cm Breite).

Ring mit Hasen und Küken

Schneide aus grünem Moosgummi einen 3 bis 4 cm breiten Streifen, dessen Länge du selbst bestimmst, je nach dem, wie groß dein Ring sein soll. Für unseren haben wir einen Streifen von 35 cm Länge gewählt. Schneide in die eine Längsseite unterschiedlich lange Zacken, die die Grashalme darstellen. Klebe dann den Streifen zu einem Ring zusammen. Nun verzierst du diesen Grasring nach Lust und Geschmack mit Hasen und/oder Küken, die du selbst auch wieder verzieren kannst. Die Küken zum Beispiel bekommen kleine Schleifchen an den Hals geklebt, die kleine Tupfen aus Moosgummischeibchen haben. Du kannst die Tupfen aber auch mit Deckweiß aufmalen. Dem Hasen kannst du mit einem Wollfädchen ein Glöckchen umbinden. Verziere den Ring außerdem mit Blumen, Herzen oder Schmetterlingen und kleinen Moosgummipunkten.

Osterhase

Der Kopf des Osterhasen ist ein Ei – hart gekocht oder ausgeblasen. Das Gesicht kannst du auf Papier malen, ausschneiden und dem Ei aufkleben, du kannst aber auch das Ei direkt bemalen. Für den Zylinder schneidest du einen Kreis von etwa 7,5 cm Durchmesser, aus dem du einen Innenkreis von etwa 5 cm Durchmesser herausschneidest. Dieser Reif ist die Krempe des Zylinders. Der eigentliche Hut ist ein Streifen von 4 cm Höhe und 16 cm Länge. Er wird zum Ring geschlossen und auf die Krempe geklebt. Das ebenfalls 5 cm Durchmesser große Kopfteil wird obendrauf geklebt. Die kleinen Bilder unten verdeutlichen, wie es geht. Die Hasenohren findest du auf dem Vorlagebogen. Schneide sie entsprechend zu und klebe sie auf den Hut.
Um das Arrangement zu vervollständigen, brauchst du noch ein wenig Ostergras und vielleicht ein paar Stoffblumen.

Links: Für den Zylinder des Hasen klebe das Kopfteil auf den Ring, der als Krempe dient

Rechts: Die Scheibe als Deckel aufkleben

Osterkörbchen

Du brauchst:
farbigen Tonkarton
einen kleinen und
einen großen Teller
Bleistift
Schere, Locher
Transparentpapier
Klebstoff, Lineal
Geschenkband

Wer freute sich nicht, wenn er am Ostermorgen ein Osternest voller bunter Eier und leckerer Süßigkeiten fände? Wie du ganz einfach und ziemlich schnell ein solches Osterkörbchen basteln kannst, ist hier Schritt für Schritt beschrieben

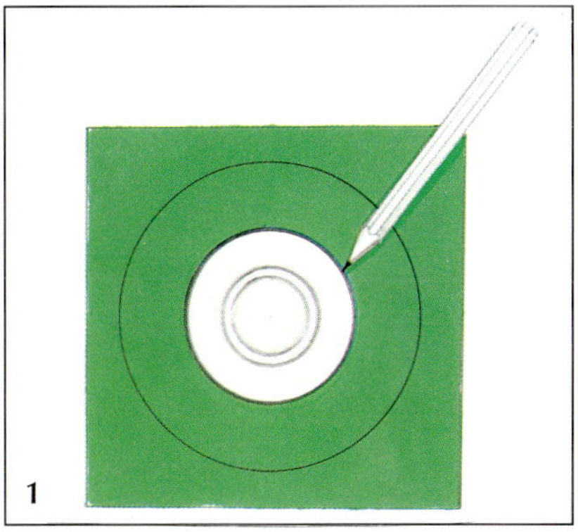

1

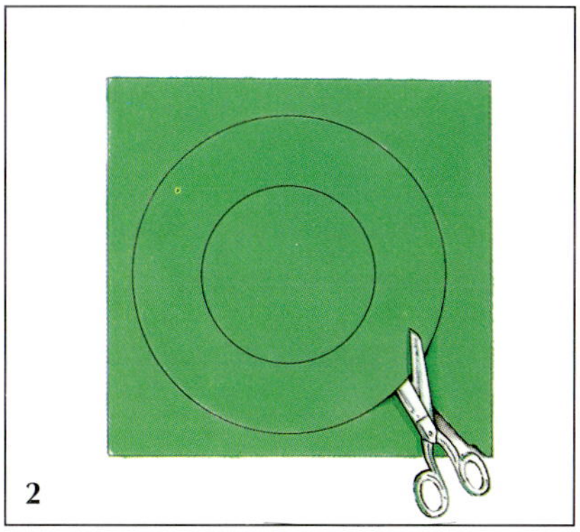

2

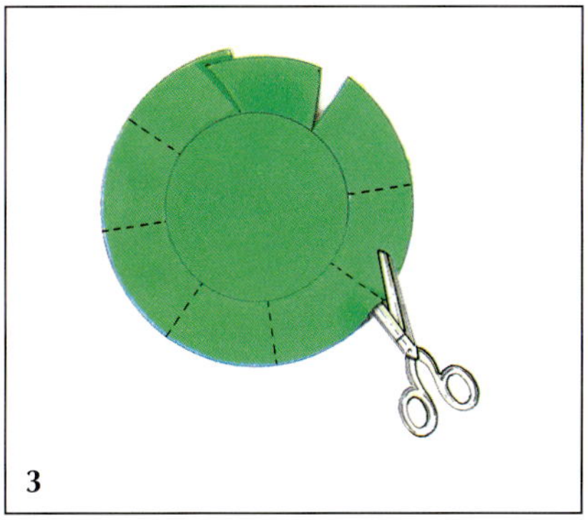

3

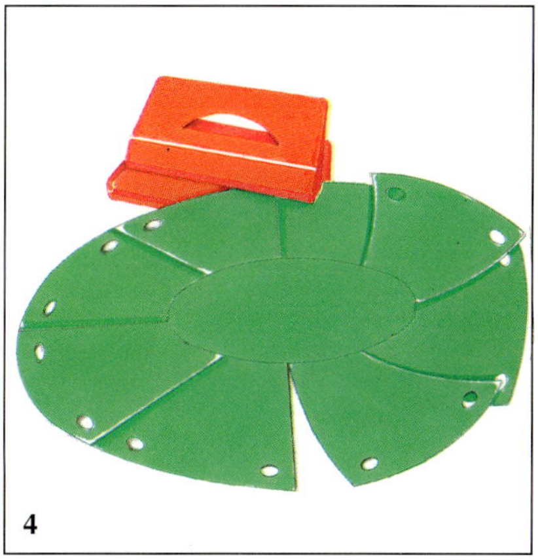

4

5

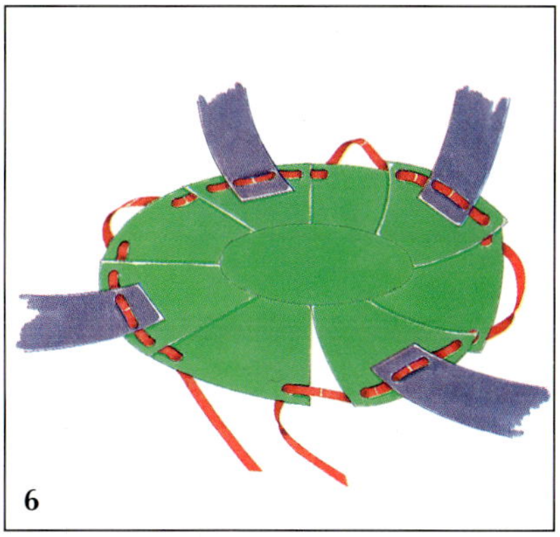

6

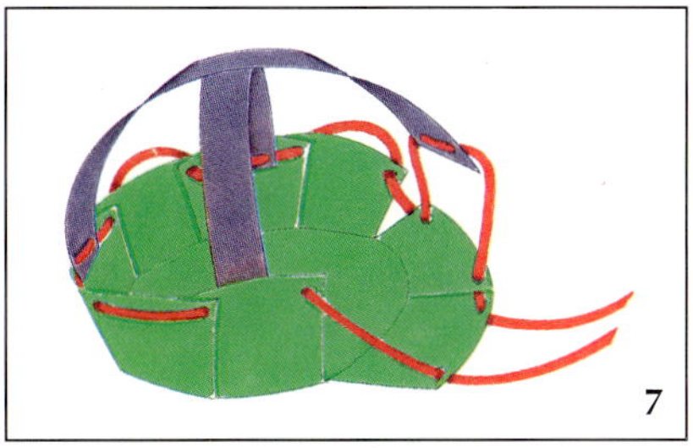

7

1. Lege den großen Teller auf Tonkarton und zeichne seinen Umriß nach. Lege genau in die Mitte dieses Kreises den kleinen Teller und zeichne ihn nach

2. Schneide den großen Kreis aus

3. Unterteile den großen Kreis in 8 Abschnitte, schneide sie bis zum Innenkreis auf

4. Biege die 8 Teile ein bißchen nach oben, knipse dann in jedes Teil in die obere rechte und linke Ecke ein Loch

5. Schneide für die Henkel 2 Streifen, 4 cm breit und 30 cm lang, loche sie ebenfalls

6. Lege auf jedes zweite Teil des Kreises je ein Henkelteil. Fädle das Band bei einem linken Loch von außen nach innen, dann fädelst du das Band durch das rechte Loch im nächsten Teil wieder nach außen und so weiter, durch alle Löcher

7. Ziehe am Band – fertig!

8. Vom Vorlagebogen auf Seite 134 paust du dir die Blüte und den Blüteninnenkreis ab und überträgst sie auf Tonkarton verschiedener Farben.

8

9. Dann schneidest du beide aus

9

10. Klebe den Kreis in die Mitte der Blüte

11. Die fertige Blüte kannst du, ganz wie du Lust hast, auf die Seite des Körbchens oder auf den Henkel kleben

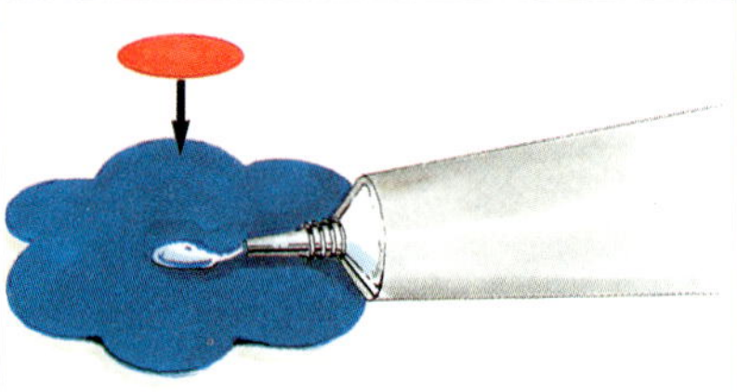
10

Wenn du das Körbchen verschenken möchtest, polstere es mit ein wenig Ostergras aus. Dann kannst du ein paar Ostereier oder auch Süßigkeiten und vielleicht ein kleines Spielzeug hineinlegen. Ein paar Vorschläge für kleine selbstgebastelte Spielzeuge findest du ab Seite 60. Da ist bestimmt auch etwas für dich dabei.

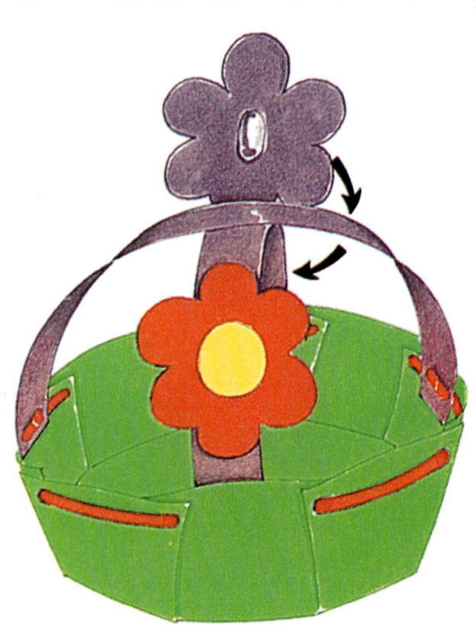
11

Blütenei

Du brauchst:
Steckschaum- oder Styroporei (10 cm)
Kleine Stoffblüten
Deko-Schmetterlinge mit Stiel

Stecke die Blüten und Blätter dicht an dicht in das Steckschaumei. Kleine Lücken füllst du mit kleinsten Blüten oder mit Perlen, die du auf dünnen Draht gezogen hast. Die Schmetterlinge kannst du fertig kaufen oder selber basteln. Wie das geht, steht auf Seite 27 – du mußt die Falter aber verkleinern

Spielzeug und kleine Mitbringsel

Was macht man bloß an einem verregneten Sommertag? Nun, man kann lesen, Musik hören oder drinnen spielen. Wenn aber keiner da ist zum Mitspielen? Tja, dann könnte man was basteln – für sich selbst oder als kleines Geschenk für andere, denn wer freute sich nicht, wenn er eine hübsche Kleinigkeit mitgebracht bekommt? Und wenn es dann gar noch etwas Selbstgebasteltes ist – um so besser.
Ein tolles Bastelmaterial, das praktisch nichts kostet und viele Möglichkeiten eröffnet, ist Papiermaché. Aber auch aus Moosgummi läßt sich witziges Spielzeug basteln, und sogar ausgeblasene Eier können eine Spielzeuggrundlage sein. Oder wie wäre es mit einem bunten Windwirbler?
Irgendwas wird sich finden, und der Regentag kann grau sein, wie er will – drinnen geht's lustig zu.

Papiermachéautos

Du brauchst:
Papiermaché
Backblech
alte Zeitung
kleine leere Schachteln, z. B. von Streichhölzern, Zigaretten, Keksen, Seife
Farben, Pinsel

Zugegeben, besonders gut fahren können sie nicht, die Autos aus Papiermaché, denn die Räder drehen sich ja nicht. Aber man kann sie ganz gut schieben oder als hübsche Blickfänger in ein Regal oder eine Vitrine stellen. Sie sind auch witzige kleine Mitbringsel.

Wie du Papiermaché machst, ist auf den Seiten 10 und 11 ausführlich beschrieben. Mit der Masse kleidest du kleinere und größere Schachteln so ein, daß die Konturen eines Autos entstehen. Aus Machékugeln machst du Scheinwerfer und Räder. Einer Feuerwehr oder einem Polizeiauto setzt du

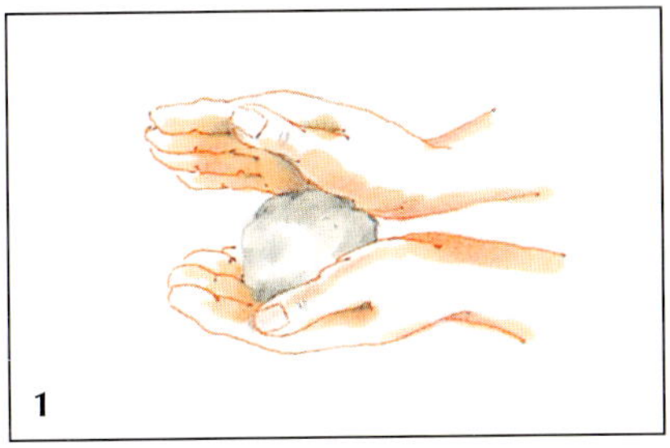

1

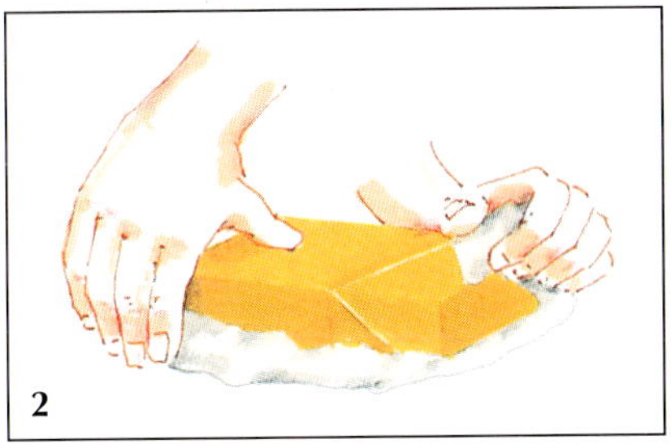

2

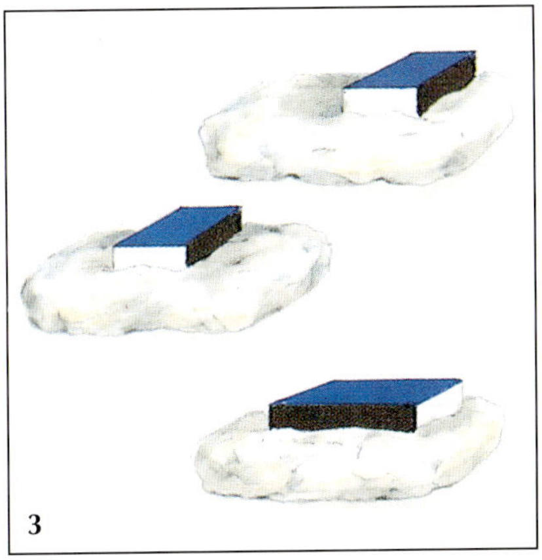

3

4

5

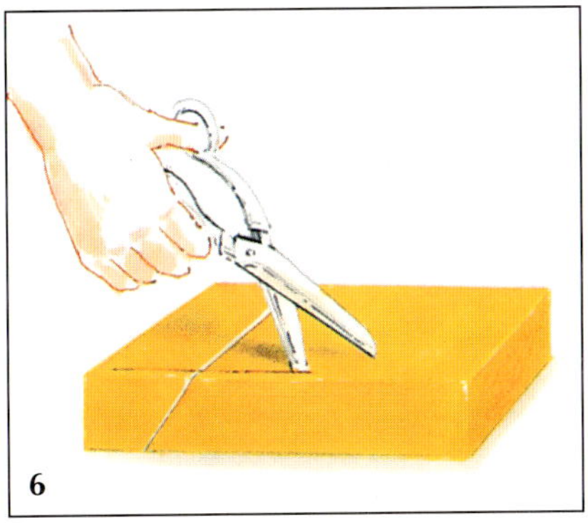

6

auch eine Kugel oben auf das Dach. Dann mußt du alles gut trocknen lassen – in der Sonne, vor der Heizung oder bei 50 °C im Backofen. Im Ofen dauert das ungefähr 8 Stunden, sonst etwas länger.

Die völlig getrockneten Autos kannst du dann nach Herzenslust bunt bemalen. Wenn du willst, kannst du deine kleinen Automobile auch noch mit Klarlack überziehen, dann glänzen sie schön, und die Farbe hält besser.

1. Lege dir auf das Backblech eine Zeitung. Forme aus Papiermaché eine Kugel

2. Drücke die Kugel auf dem Blech etwas platt, so daß eine Zigarettenschachtel darauf paßt. Kleide die Schachtel ganz mit Papiermaché ein

3. Lege darauf eine Streichholzschachtel. Je nachdem, wie das Auto aussehen soll, legst du die Schachtel in die Mitte, vorn oder hinten hin. Hülle wieder alles mit Maché ein

4. Für Räder, Scheinwerfer und Rückleuchten formst du verschieden große Kugeln und drückst sie an

5. Für ein Lastauto setzt du auf die erste Schachtel vorn hochkant eine Streichholzschachtel, dahinter eine größere offene Schachtel und kleidest alles mit Machémasse ein.

6. Ein offenes Auto entsteht aus einer aufgeschnittenen Schachtel oder aus einem Schachtelinnenteil

Monster und Fabelwesen

Du brauchst:
Papiermaché
Backblech
alte Zeitung
Holzspießchen
Pappe, Schere
Farben, Pinsel

Jeder liebt häßliche kleine Monster – solange sie aus Papiermaché sind und niemandem weh tun, keinen beißen und niemanden ernsthaft erschrekken. Die Monster und Fabelwesen sind deshalb eine beliebte Bastelarbeit, weil jeder seiner Phantasie völlig freien Lauf lassen kann. Alles ist erlaubt, die schrechlicksten, furchterregendsten und lustigsten Monster kannst du aus der weichen Papiermachémasse herstellen. Wie du grundsätzlich vorgehen mußt, ist anhand der Bilder Schritt für Schritt erklärt.

Damit Kopf und Arme gut sitzen, werden zunächst Holzspießchen in den Grundkloß gesteckt, der den Körper des Monsters bildet. Die Beine und Füße kannst du einfach aus feuchter Papiermachémasse formen

1

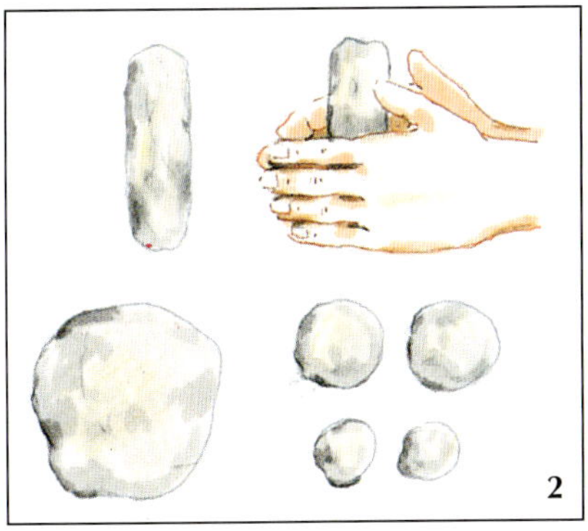

2

3

4

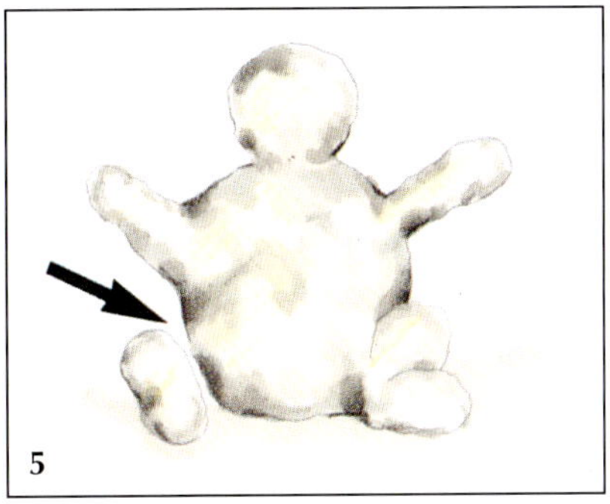

5

1. **Als Bastelunterlage nimmst du ein Backblech, auf das du eine Zeitung gebreitet hast. Forme eine Kugel für den Bauch des Monsters und drücke sie auf die Zeitung**

2. **Nun formst du weitere Kugeln und Würstchen aus der Papiermachémasse**

3. **In die Kugel auf dem Blech steckst du Holzspießchen für den Kopf und die Arme**

4. **Die Kugel für den Kopf stülpst du über das mittlere Stäbchen – es sei denn, dein Monster soll den Kopf auf der Seite haben –, auf den beiden Seitenstäbchen befestigst du die Würstchen für die Arme**

5. **Beine und Füße drückst du seitlich unten an die Kugel. Alle Übergänge streichst du mit dem Zeigefinger glatt**

und andrücken. Soll dein Monster aber auf zwei, drei oder mehr Beinen stehen, soll es einen langen, schweren Schwanz haben, dann ist es besser, auch hier zur Unterstützung erst kurze Hölzchen einzuschieben.
Sollte nach dem Trocknen, wenn du die unbemalten Monster von der Zeitung auf dem Blech löst, ein Bein, ein Schwanz oder ein anderes Teil abbrechen, ist das nicht weiter schlimm. Mit feuchter, frischer Papiermachémasse kannst du rasch eine Reparatur vornehmen. Du solltest deshalb von der Papiermachémasse, gleich wenn sie fertiggestellt ist, ein Marmeladenglas voll abfüllen und in den Kühlschrank stellen. Da hält sie sich zwei bis drei Wochen frisch und kann jederzeit für Reparaturen verwendet werden.

6. Soll dein Monster das Maul aufreißen, drückst du ihm mit dem Daumen eine Delle in den Kopf

7. Aus kleinen Machémasse-Kügelchen kannst du Augen machen, die du dem Fabelwesen auf die Stirn drückst, und aus etwas plattgedrückter Masse kannst du auch Ohren formen

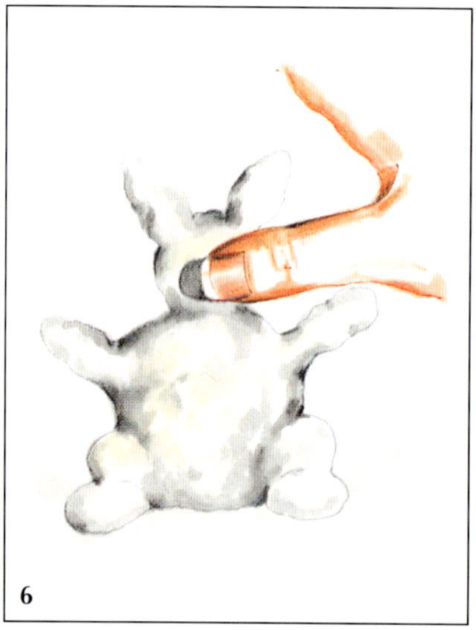

6

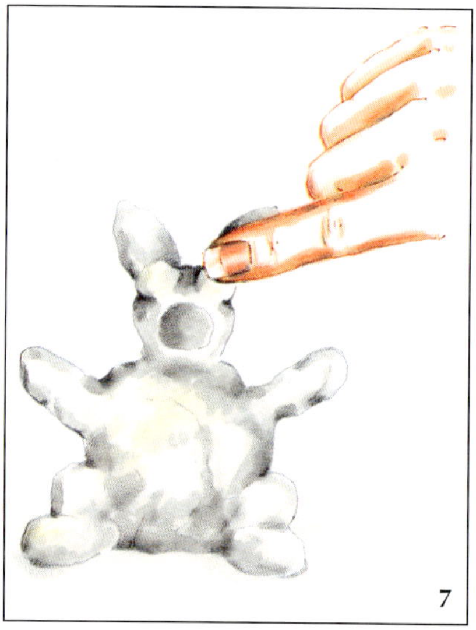

7

8. Zum Trocknen stellst du die kleinen Ungeheuer auf dem Backblech vor die Heizung oder in die Sonne. Du kannst sie auch bei 50° C im Backofen trocknen

9. Nach dem Trocknen kannst du deine Monster bunt bemalen und, wenn du willst, zum Schluß auch mit Klarlack überziehen

8

9

Gruselmonster

Um deine Monster so richtig schön gruselig zu gestalten, gibt es eine Reihe von Möglichkeiten. Mache deinem Monster eine gaaaanz lange Nase – wenn du Angst hast, daß sie abbricht, modelliere sie um ein Hölzchen. Setze dem Monster zusätzlich zwei abgebrochene Hölzchen als kleine Hörner über die Nase und mache ihm Ohren aus Pappdeckeln. Oder du gibst deinem Monster vier oder sogar noch mehr Arme. Stacheln auf dem Rücken machst du wiederum aus Hölzchen. Wenn du die Hölzchen auf dem Rükken auch mit Papiermachémasse umkleidest, kannst du dem Monster einen Rückenkamm machen.

Oder stecke ihm doch kleine Stückchen von Hölzchen in das weit aufgerissene Maul – dann hat es ein furchterregendes Gebiß. Dazu kriegt es vielleicht extrem große Kulleraugen und zwei Hörner. Selbstverständlich gibt es auch berühmte Monster mit zwei Köpfen. Auch den zweiten Kopf fixierst du über einem Hölzchen. Und wer sagt, daß ein Kopf immer rund sein muß? Arbeite ihn doch länglich vorgezogen mit einer breiten Schnauze. Übrigens gibt es auch fliegende Monster. Deren Flügel werden aus Pappdeckel ausgeschnitten und an das Monster angesteckt. Später werden sie zusammen mit dem ganzen Untier an einem Stück bemalt.

Hier ein paar richtig griesgrämige Monster. Dir fallen sicherlich selbst jede Menge weiterer Gruselmonster ein!? Laß deiner Phantasie einfach freien Lauf

Windwirbler

Du brauchst:
Bastelkarton
Transparentpapier
Bleistift, Farben
Strohhalme
Klebestift
Klebeband
Holzperlen
Draht, Zange
Schere

Windwirbler sind schnell gebastelt. Sie wirbeln aber nur dann richtig gut, wenn du die beiden Flügel jeweils in entgegengesetzte Richtung ein wenig biegst. Am besten rollst du sie je eine halbe Drehung um den Klebestift. Selbstverständlich kannst du sie auf beiden Seiten bemalen. Für die Form kannst du der Vorlage von Seite 134 folgen oder deine eigenen entwerfen.

Stecke den bunten Windwirbler in einen Blumentopf, in ein mit Sand gefülltes Gefäß oder einfach in den Boden – je nachdem, wie stark der Wind weht, wird er sich drehen

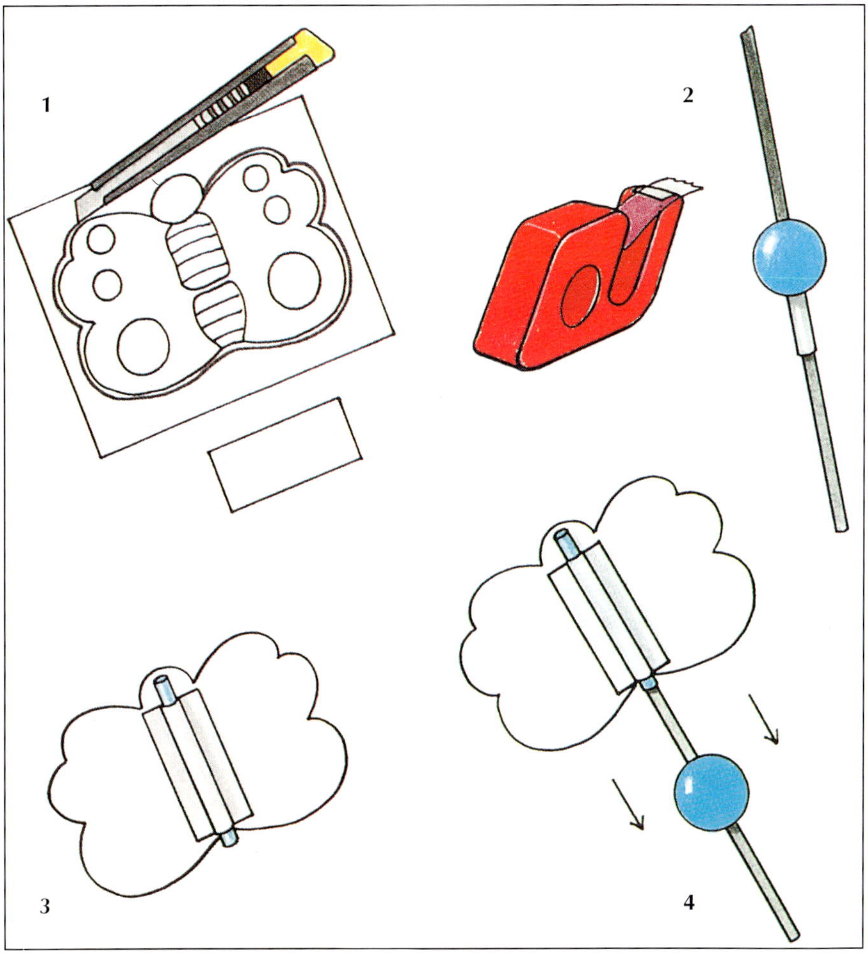

1. Zeichne die Schmetterlingsform mit Transparentpapier vom Vorlagebogen auf Seite 134 ab, übertrage sie auf Karton, schneide sie aus und bemale sie

2. Lege den Strohhalm hinten auf die Form, bestreiche den Papierstreifen mit Klebstoff und befestige den Halm damit

3. Wickle Klebeband um den Draht, bis die Perle darauf festsitzt, wenn du sie aufsteckst

4. Schiebe den Draht bis zur Perle in den Strohhalm – fertig ist dein Windwirbler

Erfinde eigene Formen für deinen Windwirbler!

Stehaufmännchen

Du brauchst:
ausgeblasene Eier
Knete, Strohhalme
Gips, Kännchen
Rührlöffel
Eierkarton
Zeitungen
Farben, Filz
Tonpapier
Bleistift, Schere

Diese fröhlichen Stehaufmännchen sind ein lustiger Spielspaß, aber auch ein nettes kleines Geschenk oder eine Dekoration für den Oster- oder den Geburtstagstisch

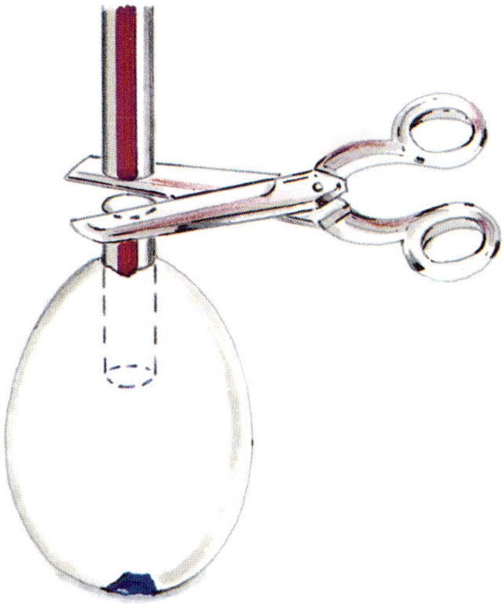

Links: Verstopfe das Loch an der runden Seite des Eies mit Knete, stecke in das andere Loch einen Trinkhalm und schneide ihn knapp über dem Ei ab. Stelle die Eier in einen Eierkarton

Rechts: Decke die Arbeitsfläche mit Zeitungen ab. Rühre den Gips in einem alten Gefäß mit einer Tülle an; er soll so dünn wie Büchsenmilch sein. Fülle die Eier zur Hälfte mit Gips

Ob Schwein oder Pinguin, Fliegenpilz oder Clown, diese Stehaufmännchen machen allen Spaß. Zuerst mußt du ausgeblasene Eier mit dünnflüssig angerührtem Gips füllen. Arbeite dabei sehr vorsichtig und langsam, denn die Öffnung des Trinkhalms, durch die du die Gipsmasse einfüllen mußt, ist ja sehr eng. Wenn beim Einfüllen der Gipsmasse was überläuft, mußt du es sofort abwischen, denn der Gips erhärtet sehr schnell. Lasse die halbgefüllten Eier stehen, bis der Gips ganz fest geworden ist, im Backofen geht das bei 50 °C in etwa 20 Minuten.

In der Zwischenzeit kannst du die Vorlagen der Dekorationsteile auf Seite 134 abzeichnen, auf Tonpapier oder Filz übertragen und ausschneiden. Nun bemalst und dekorierst du die Eier.

Der Clown bekommt Haare, Hut und Augen aus Filz aufgeklebt. Die Nase ist ebenfalls aufgeklebt, sie besteht aus einer kleinen roten Perle. Auch der Hut des Fliegenpilzes ist aus Filz, die weißen Pünktchen darauf sind mit Deckweiß aufgetupft. Du kannst aber auch Stanzkreise aus dem Papierlocher nehmen.

Der Pinguin wurde erst ganz schwarz angemalt, dann bekam er mit mehreren Lagen Deckweiß seinen weißen Bauch aufgemalt. Flügel und Schnabel wurden aus Karton geschnitten und angeklebt. Für die Augen sind Stanzkreise aus dem Papierlocher genau richtig, auf die mit Filzstift kleine schwarze Punkte gemalt wurden.

Auch das Schwein wird erst ganz und gar bemalt. Hintendrauf bekommt es das Ringelschwänzchen geklebt – ein schmales Tonpapierstreifchen, das du eng rollst und dann wieder aufziehst. Die Papierohren werden angeklebt, die Augen mit Filzstift gemalt, die Nase ist ein aufgeklebter weißer Knopf.

Tip: Wenn du keinen alten Topf mit Gießtülle hast, nimm einen leeren Milch- oder Saftkarton, um deinen Gips darin anzurühren

Fang den Ring

Du brauchst:
Moosgummi
Holzspatel
Kordel
Ring von 3,5 oder 4 cm Durchmesser
Wackelaugen
Federn

Dieses bekannte und beliebte Geschicklichkeitsspiel, das in seiner Grundform von den nordamerikanischen Indianern entwickelt und von ihnen mit wahrer Leidenschaft gespielt wurde, ist mit Moosgummifiguren rasch gebastelt. Schneide dir aus dem Moosgummi die Formen nach den Vorlagen auf Seite 135 aus. Du brauchst alle Teile zweimal, denn die Figuren sollen ja von beiden Seiten gleich aussehen. Lege vor dem Zusammenkleben die Holzspatel zwischen die fertigen Köpfe, so daß sie als Griffe unten herausschauen. Dann klebe die Kopfteile paßgenau fest zusammen. Kerbe nun die Spatel ein ganz klein wenig ein und binde um die Stellen mit den Kerben die Kordel, sie kann dann am Spatel nicht runterrutschen. An das andere Ende der Kordel knotest du einen Ring.

Jetzt geht's los. Wer schafft es als erster, die Figur mit Schwung so geschickt zu bewegen, daß der Ring an der Kordel in die Luft fliegt und mit der großen Nase des Nashorns oder des Kasperle aufgefangen wird?

Du wirst sehen, es ist gar nicht so leicht, den Ring mit den Nasen der lustigen Figuren aufzufangen

Schnipp den Ball

Und noch mal geht's um Geschicklichkeit. Was aussieht wie Torwandschießen, wird hier mit den Fingern gemacht. Ihr sollt nämlich die Moosgummikugeln aus einem Abstand von 50 cm oder mehr mit Daumen und Zeigefinger durch die Tore schnippen. Und so machst du die Zielwand: In einen Schachteldeckel schneidest du zwei Löcher von etwa 7,5 cm Durchmesser. Wenn du magst, kannst du Ringe aus Moosgummi schneiden (1,5 cm breit) und um die „Tore" legen, unbedingt nötig ist es nicht. Auch die gesamte Einkleidung der Schachtel ist nicht nötig, aber sehr hübsch. Dafür schneidest du den Bodenumriß der Schachtel aus Moosgummi. Vergiß nicht, die Tore auszuschneiden! Anschließend klebst du die Moosgummiplatte auf die Schachtel. Ein wenig verzieren solltest du die Schachtel aber schon – zum Beispiel mit Dinos, die nicht schlecht staunen, wie die Moosgummikugeln durch die Löcher sausen. Vorlagen für die Dinos findest du auf Seite 135. Verziere deine Dinos mit aufgemalten Linien.

Du brauchst:
Moosgummi
Moosgummikugeln mit 3–4 cm Durchmesser
Schachteldeckel von 20 x 30 cm

Lege einen flachen, schweren Gegenstand innen auf den Boden des Schachteldeckels, damit er nicht dauernd umkippt, wenn jemand nicht in die Tore trifft

Stimmungsbarometer

Wenn du launische Freunde oder Geschwister hast, so schenke ihnen doch ein Stimmungsbarometer als Türschild. So kannst du immer gleich sehen, wie die Stimmungslage ist. Wer das Barometer besitzt, muß nur an der unteren Scheibe drehen und kann so anzeigen, ob er gute Laune hat oder traurig ist, ob Langeweile vorherrscht oder die Zeichen auf Sturm stehen.

Du brauchst:
Bastelkarton
Transparentpapier
Kreppapier
Blei-, Bunt- und Filzstifte
Bildaufhänger
Schere, Klebstoff
Nadel
kleine Knöpfe
Musterbeutelklammern

Sind sie nicht lustig, diese Stimmungsbarometer, die immer anzeigen, wie die jeweilige Gemütslage ist?

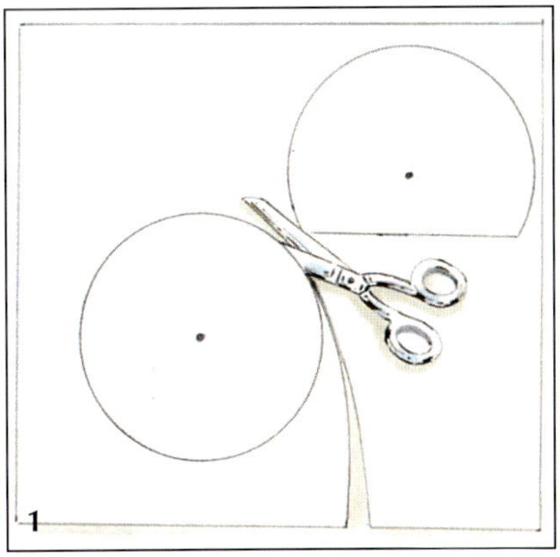

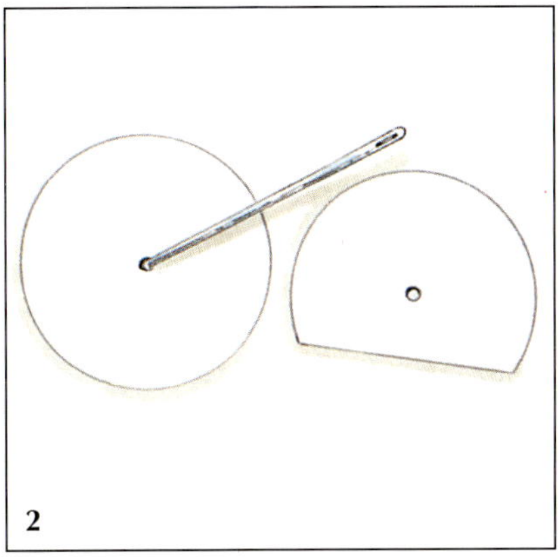

1. Übertrage die Formen vom Vorlagebogen auf Seite 141 auf Tonkarton und schneide sie aus

2. Stich mit einer Nadel kleine Löcher in die Mittelpunkte der Kartonscheiben

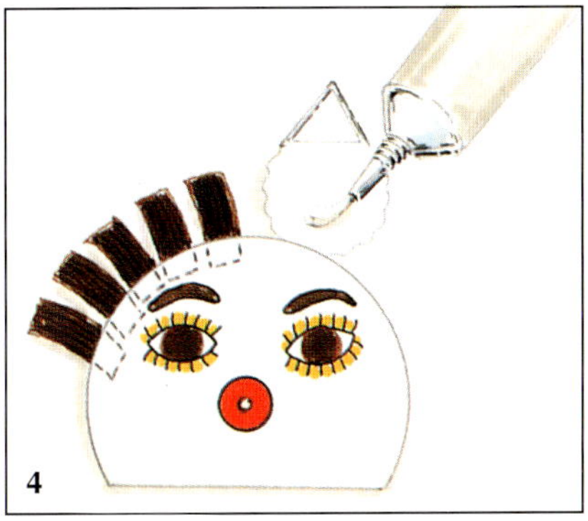

3. Male auf die volle Scheibe die Münder, auf die Teilscheibe das Gesicht

4. Klebe an die Rückseite der Teilscheibe die Haare aus Kreppapier und den Bildaufhänger

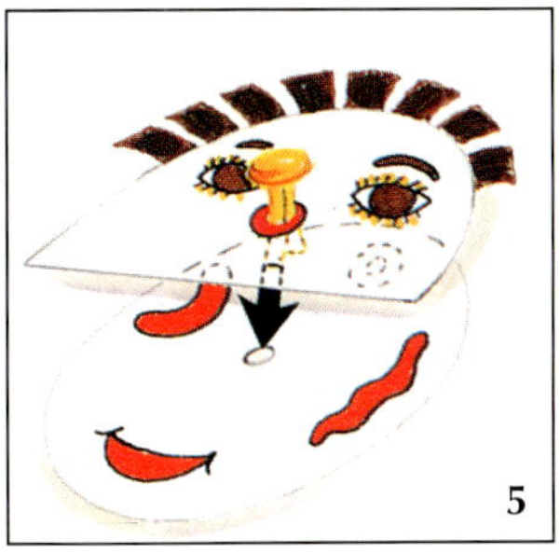

5. Lege die beiden Scheiben genau aufeinander, stecke die Musterbeutelklammer durch die Löcher und biege sie auf. Wenn du die Klammer kaschieren willst, klebe einen Knopf als Nase darüber

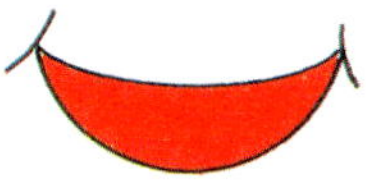

Gute Laune

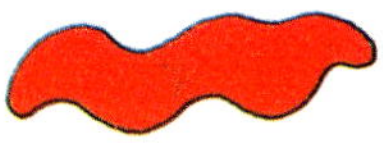

Achtung Sturm!

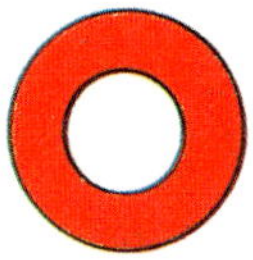

Mir ist langweilig!

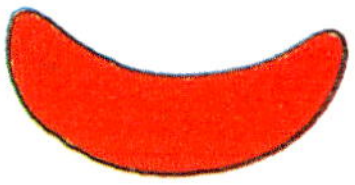

Ich bin traurig

Krimskrams aus Papiermaché

Du brauchst:
Papiermaché
Backblech
alte Zeitung
Austechförmchen für Plätzchen
Farben, Pinsel
Aufhängeband

Wie du Papiermaché selbst herstellst und damit arbeitest, steht auf den Seiten 10 und 11. Aus diesem tollen Bastelmaterial hergestellte Anhänger kann man an einem bunten Band als Schmuck um den Hals tragen, man kann die schönen Stücke an Zweige hängen oder in den Weihnachtsbaum. Hübsch bemalte bunte Kugeln kann man einfach zur Dekoration in eine Schale legen – die Möglichkeiten der Verwendung sind so vielfältig wie die Dinge, die man basteln kann.
Während du Kugeln und kleine Scheibchen mit der Hand formen kannst, machst du Sterne und Herzen, Halbmonde, Blumenformen und anderes, indem du die Papiermachémasse in Ausstechförmchen für Plätzchen drückst. Fülle soviel Masse hinein, wie dein Anhänger dick werden soll, lasse die Masse dann in den Förmchen trocknen. Sollen sie später aufgehängt werden, bohrst du in die noch feuchte Masse mit einem Holzspieß ein Loch. Zum Trocknen legst du die Formen auf ein Backblech, das du mit einer alten Zeitung abgedeckt hast.
Wenn die Formen völlig trocken sind, kannst du sie bemalen. Ganz zum Schluß noch mit Klarlack überziehen, damit sie schön glänzen.

Lustige bunte Anhänger, Kugeln oder Knöpfe lassen sich ohne viel Mühe, aber mit viel Spaß leicht herstellen. Sie sind vielseitige Mitbringsel, denn sie passen zu jeder Jahreszeit

Steckfiguren aus Moosgummi

Alle Leute brauchen täglich irgendwelche Stifte. Diese hübschen kleinen Steckfiguren werden oben auf Blei- und Buntstifte gesteckt, damit sie hübscher aussehen oder damit man gleich erkennen kann, wem welcher Stift gehört. Ein ideales Mitbringsel also, aber auch sehr gut geeignet als Gewinn bei Wettspielen, die man bei einer Geburtstagsfeier spielt.
Wie du mit Moosgummi bastelst und wie du Schablonen herstellst, steht auf

Du brauchst:
Moosgummi
Pattex compact
Schere
Transparentpapier
Tonkarton
Wackelaugen
Wollreste

Diese lustigen Winzlinge lassen sich leicht und schnell basteln und machen in jedem Fall einen Riesenspaß

den Seiten 12 und 13. Die Herstellung von Schablonen wird sich schon deshalb lohnen, weil du die lustigen Winzlinge bestimmt in großer Zahl herstellen wirst.
Für die Figurenkörper ist Moosgummi von 2 mm Stärke geeignet, die kleinen Verzierungen solltest du aus 1 mm starkem Moosgummi fertigen. Vorlagen für die Steckfiguren findest du auf Seite 140.
Jeden Grundumriß einer Figur brauchst du pro Steckfigur zweimal, die Verzierungen brauchst du eigentlich nur einmal. Du kannst die Figuren aber auf beiden Seiten schmücken, dann brauchst du auch die Verzierungen zweimal. Verklebe die beiden Grundfiguren so, daß in der Mitte eine Tasche offenbleibt, in die du dann den Stift stecken kannst.
Wie du die Grundformen verzierst, ist dir selbst überlassen, unsere Figuren sollen nur Anregungen sein. So hat der **Clown** Haare aus alten Wollfäden. Sie werden erst auf den unteren Umriß geklebt, dann wird der zweite Figurenumriß aufgeklebt. So halten die Wollfäden besser, und man sieht den Klebstoff nicht.

Das **Gespenst** und der **Frosch** haben Wackelaugen. Du kannst Augen aber auch aus Perlen oder Nasen aus kleinen Knöpfen aufkleben oder Gesichter aufmalen. Die Schnurrbarthaare einer **Maus** lassen sich aus einem Handfeger zupfen oder aus dickem Zwirnsfaden herstellen, wenn man ihn mit Kleber härtet. Die Barthaare unserer Maus sind aus ganz feinen Moosgummistreifen.
Das große Maul des **Nilpferds** ist nur an der Oberkante festgeklebt. Es liegt nicht an und wirkt dadurch plastischer, und darunter schaut eine rote Zunge hervor – aus Moosgummi, Filz oder Tonpapier.
Ob dir wohl andere Formen und Figuren einfallen? Statt des braunen **Bären** könntest du zum Beispiel einen weißen Eisbären basteln oder einen Panda mit seinen typisch schwarzen Ohren, Flecken um die Augen, der schwarzen Nase und den schwarzen Pfoten, die allesamt so toll vom weißen Fell abstechen. Vielleicht machst du auch noch einen Löwen oder einen Affen, eine Katze und einen Hasen. Oder wie wär's mit einem Schneemann, einem Nikolaus, einem Engel?

Ein kleiner Tip: Damit du die kleinsten Teile, wie etwa die Pünktchen auf der Schleife des Clowns, halten und kleben kannst, spießt du sie mit einer Stecknadel auf. Manche Figuren, wie das kleine Gespenst, wirken mit Wackelaugen besonders lebendig

Du brauchst:
Tonpapier
Transparentpapier
Bleistift
Buntstifte
Farbe, Pinsel
Schere
Lutscher, Schokoriegel o.ä.

Süßer Schmetterling

Ein bunter Schmetterling, gefüllt mit einer süßen Kleinigkeit, einem Schokoriegel, einem Lutscher, einem Marzipanbrot, einer Zuckerstange oder ähnlichem, ist ein schönes Mitbringsel für Naschkatzen. Natürlich kann

man auch andere Kleinigkeiten in die Schmetterlinge bugsieren – ein paar Buntstifte, einen Stift mit Silber- oder Goldschrift, ein schmales Schächtelchen, in dem sich eine Überraschung verbirgt.
Grundsätzlich ist so ein Schmetterling ganz einfach und schnell gemacht, du mußt nur auf eine wichtige Sache achten: Der Schmetterling muß als Faltschnitt gearbeitet werden. Das heißt, du knickst ein Stück Tonpapier in der Mitte und überträgst die Vorlage für die Schmetterlingshälfte auf Seite 136 so auf das Tonpapier, daß die gerade Mittellinie des Schmetterlings mit der Faltkante des Tonpapiers übereinstimmt. Die Abbildung 1 zeigt es dir noch einmal. Nun kannst du mit einem Schnitt zwei symmetrische, zusammenhängende Schmetterlingshälften ausschneiden. Da, wo auf dem Vorlagebogen die sechs gestrichelten Linien eingezeichnet sind, schneidest du den Schmetterlingskörper sechsmal etwa 1,5 cm tief ein. Damit wäre deine Bastelei eigentlich schon erledigt.
Schöner ist es natürlich, wenn du deinen Schmetterling hübsch bunt gestaltest. Du kannst weißes Tonpapier nehmen und den ganzen Schmetterling mit Buntstiften oder Wasserfarben bemalen, du kannst einen hellen Tonkarton wählen und mit Buntstiften Muster darauf malen oder ihn mit anderem Tonpapier bekleben.
Für deine Geburtstagsfeier könntest du für jeden eingeladenen Gast einen solchen Schmetterling basteln, ihn mit Süßigkeiten bestücken und auf den Flügel den Namen des Gastes schreiben. Dann legst du die Schmetterlinge auf die Kuchenteller – das ist viel origineller als eine Tischkarte.

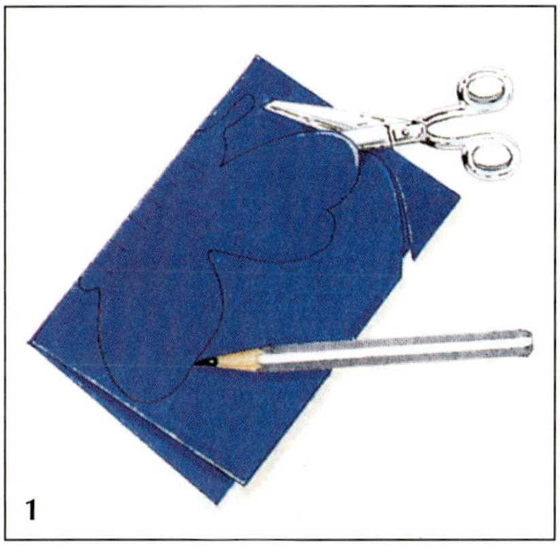

1. Übertrage den Umriß des halben Schmetterlings auf eine doppelte Lage Tonpapier und schneide ihn so aus, daß ein ganzer Schmetterling entsteht

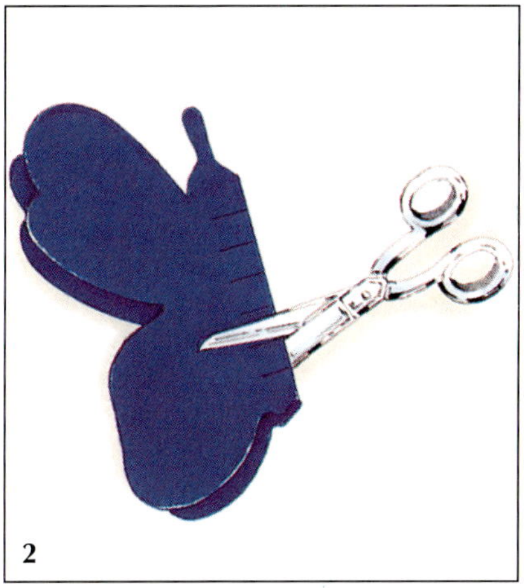

2. Schneide den Schmetterling an den gestrichelten Linien ein und klappe ihn auf

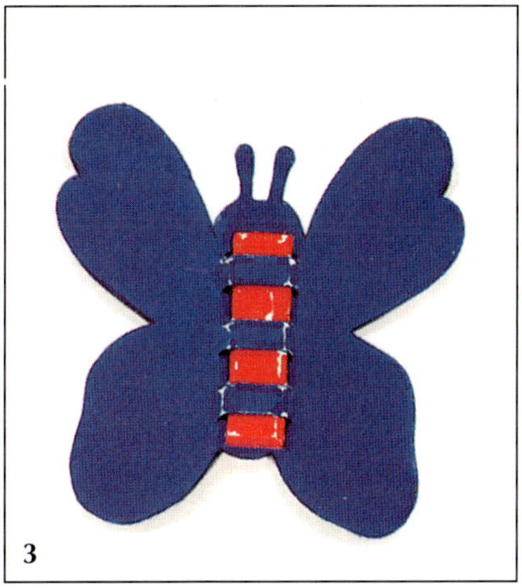

3. Der Schokoriegel wird in Webtechnik abwechselnd unter und über die Papierstreifen geschoben und bildet so den Körper des Schmetterlings

Schachtel für allerlei Kleinkram

Viele kleine Dinge lassen sich in diesem hübschen Kästchen unterbringen, das aus vier Streicholzschachteln und zwei Kartondeckeln schnell und leicht gemacht ist. Wenn du es verschenken willst, fülle in jede Schublade eine nette Kleinigkeit. Eine hübsche Geschenkidee für jemanden, der gerne Kerzen mag: lasse in zwei Schachteln die Streichhölzer drin, und stecke in zwei andere kleine Schwimmkerzen.

Du brauchst:
2 Stücke Bastelkarton 9 x 9 cm
vier Streichholzschachteln
Geschenkpapier
Lineal, Bleistift
Klebstoff
4 Holzperlen
Nadel und Faden

1

2

3

4

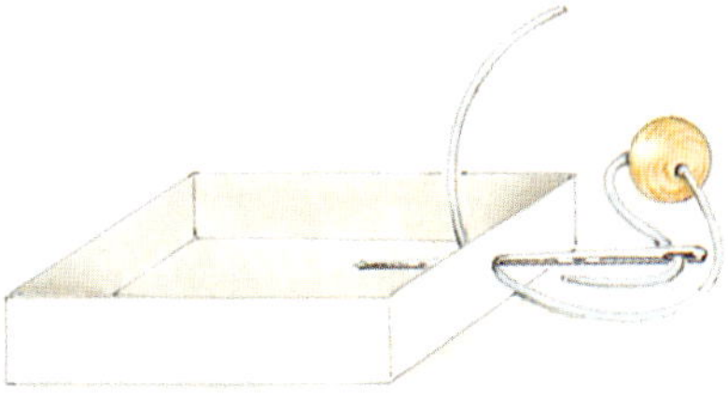

5

6

7

1. Damit man die Reibflächen der Streichholzschachteln nicht sieht, beklebst du jede Schachtel mit Geschenkpapier

2. Für die Rosette faltest du ein Stück Geschenkpapier (8 x 50 cm) einmal der Länge nach

3. Dann knickst du das Papier wie eine Zieharmonika in 0,5 cm breite Streifen

4. Ziehe die Zieharmonika zu einem Kreis auseinander und verklebe die Ränder

5. Nähe auf die Schachtelvorderseiten je eine Perle, verknote den Faden innen gut

6. Klebe die vier Schachteln auf das erste Kartonquadrat

7. Klebe die Rosette auf das zweite Kartonquadrat und klebe es dann auf die Schachteln

Mobiles

Mobiles, diese bei leisem Lufthauch sich bewegenden Gebilde, sind nicht nur eine schöne und abwechslungsreiche Bastelarbeit, sie sind auch ein interessanter Zimmerschmuck, den du mit viel Phantasie selbst ausgestalten kannst. Viele Materialien eignen sich zur Herstellung von zarten Mobiles – nicht nur verschiedene Papiere, sondern auch ausgeblasene Eier und Styroporkugeln. Mit ein bißchen Hilfe von Mitbastlern können sogar die Kleinsten schon mithalten, wenn es darum geht, lustige Mobiles zu gestalten. Ein selbstgebasteltes Mobile kann übrigens auch ein sehr schönes Geschenk sein.

Du brauchst:
Faltpapier 15 x 15 cm für die Ballons
Tonpapier für die Gondeln
Schere, Papierkleber
Holzstäbchen
Watte
Nadel, Zwirn

Ballonmobiles

Mobiles mit Ballons sind eine feine Bastelarbeit. Wir stellen zwei Varianten vor, einmal mit Papierballons, einmal mit Ballons aus ausgeblasenen Eiern. Beide sind nicht ganz einfach, sie erfordern Geduld und Fingerspitzengefühl. Dafür hat man dann aber auch sehr auffällige Mobiles.

Für die **Papierballons** brauchst du Faltpapier, und zwar pro Ballon 10 Blätter im Maß 15 x 15 cm. Klebe sie, wie die Abbildung zeigt, aufeinander. Alle Klebungen müssen sehr gut durchgetrocknet sein, ehe du die Halbkreise für die Ballons ausschneidest. Am besten fertigst du zwischen-

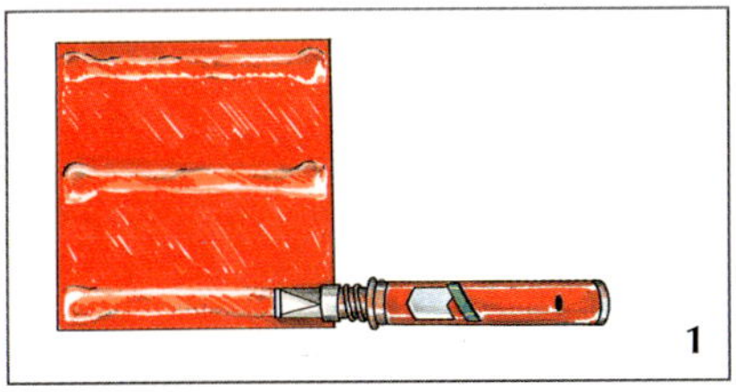

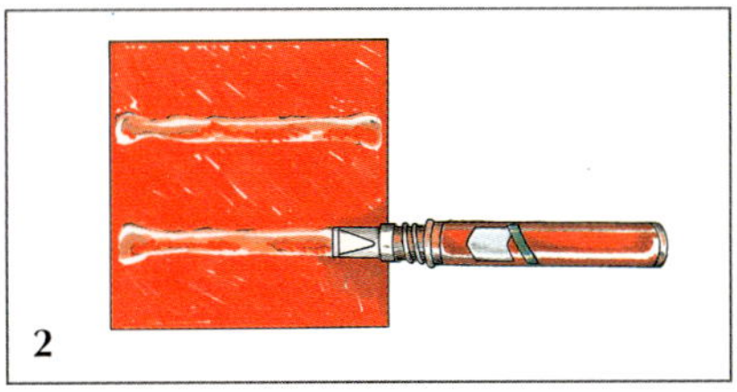

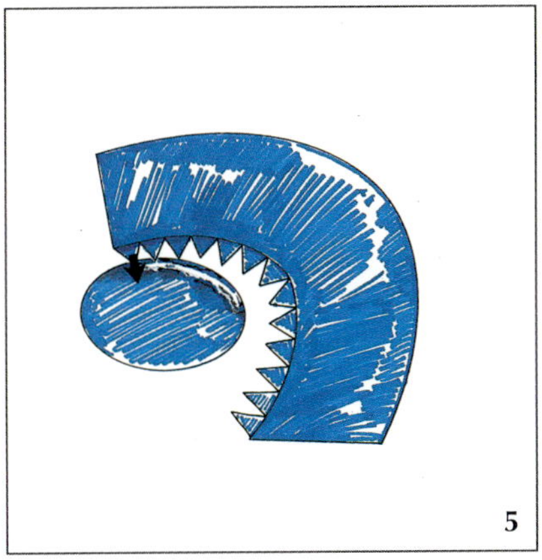

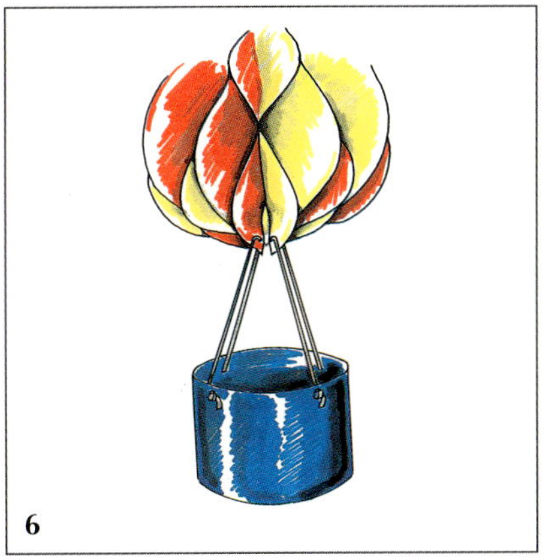

durch erst die Gondeln. Vom Vorlagebogen auf Seite 136 überträgst du den Streifen und den Gondelboden auf Tonpapier. Den Streifen schneidest du unten zackig ein, die Zacken biegst du um, gibst Klebstoff darauf und setzt den Gondelboden auf. Mit einer Nadel ziehst du oben vier Fäden durch die Gondel, unten machst du einen Knoten in die Fäden, damit sie halten.

Wenn du nun die Ballons zusammenklebst, kannst du die Haltefäden der Gondeln gleich mit einkleben. Oben durch die Ballons ziehst du wiederum mit der Nadel vorsichtig einen Faden für die Aufhängung. Wenn du dein Mobile an den Hölzchen befestigt und fertig ausbalanciert hast, kannst du verzupfte Watte als Wolken auf die Stäbchen kleben.

1. Bestreiche das Faltpapier oben, in der Mitte und unten mit einer dünnen Kleberschicht, lege das zweite Blatt darauf …

2. … bestreiche dieses mit zwei versetzten Klebstofflinien, lege das dritte Blatt auf und bestreiche es wie Blatt 1

3. Zeichne quer zu den Klebstofflinien zwei Halbkreise auf, schneide sie aus und klebe sie aufeinander

4. Nach ca. 5 Minuten kannst du den Ballon dann aufklappen

5. Schneide die Teile der Gondel nach den Vorlagen auf Seite 136 aus und klebe sie zusammen

6. Befestige die Gondel mit vier Fäden am Ballon

Auch aus ausgeblasenen Eiern lassen sich sehr dekorative Ballons gestalten, die man dann zu einem Mobile zusammensetzen kann. Der Zeppelin ist aus einem ausgeblasenen Gänseei gemacht, man kann aber auch ein besonders großes, etwas längliches Hühnerei nehmen – zum Glück legen Hühner ja individuell verschiedene Eier. Vorlagen für Gondel und Propeller findest du auf dem Vorlagebogen Seite 136

Für die **Eiermobiles** brauchst du ausgeblasene Eier, die du zunächst nach deinem Geschmack bunt bemalst. Vom Vorlagebogen Seite 136 nimmst du dir die Umrisse der Ballonkörbe ab. Du faltest sie an den gestrichelten Linien und klebst sie an den feinen Laschen. Die Länge des Zackenbandes richtet sich nach dem Umfang des Eies – schneide es lieber zu lang, kürzen kannst du es immer noch.

Wir haben auch einen Zeppelin gebastelt. Dafür eignen sich längliche, recht große Eier, deren Länge durch aufgeklebte oder aufgemalte Längsstreifen noch betont wird.

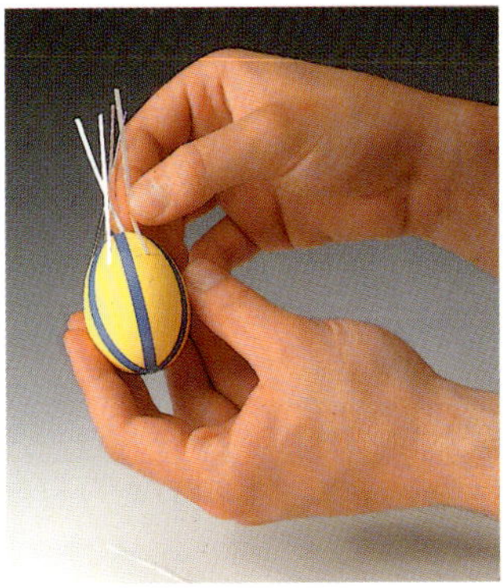

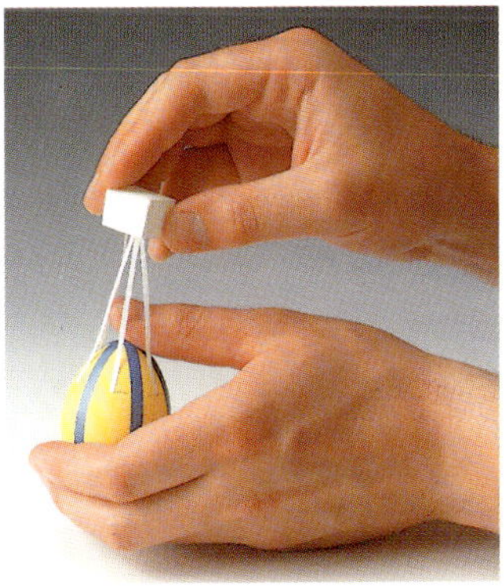

Links: Zunächst die sechs feinen Papierstreifen für die Seile mit ganz wenig Klebstoff an das Ei kleben

Rechts: Wenn sie gut getrocknet sind, befestigst du die Seile innen am Gondelkorb

Mobiles zusammensetzen

Zum Befestigen der einzelnen Aufhängungen nimmst du Zwirn oder Nähseide. Das Ausbalancieren geht am einfachsten, wenn du von unten nach oben arbeitest. Zuerst werden zwei Teile an der untersten Aufhängung angebracht, dann wird etwa in der Mitte dieses Teils der Aufhängungsfaden befestigt. Später wird der Aufhängungsfaden so lange in Richtung des höheren Motivteils verschoben, bis alle Teile waagerecht hängen. Dann die Fäden endgültig fixieren.

1

2

3

4

1. Lege dir zuerst alle Bestandteile deines Mobiles zurecht

2. Fange mit der untersten Aufhängung an, balanciere sie an dem Aufhängungsfaden aus

3. Befestige die zweite Aufhängung an der ersten, mache dann die Aufhängung für die zweite Seite wie Nr. 2

4. Befestige die beiden Aufhängungen an einem größeren Aufhängungsteil und balanciere wieder aus

Fleißige Sommerbienen

Man hört sie regelrecht summen, diese fließigen Honigbienen, die bei jedem leichten Windhauch auf und ab fliegen. Und man muß keine Angst haben, denn diese emsigen Honigsammler stechen ganz bestimmt nicht.

Ein paar ganz Schlaue unter euch haben natürlich gleich gemerkt, daß diese Bienen eigentlich Wespen sind, die man ja an ihrer typischen Streifenzeichnung erkennt, während Bienen doch ein ziemlich einheitlich braunes

Du brauchst:
gelbe und braune Pfeifenreiniger
Zahnstocher (Holz)
gelben Bast
Blütenstempel (Plastik)
Papprolle
dicke Kordel
Tonpapier
Silberdraht
Nadel und Faden

Pelzkleid tragen. Nun, daß wir eigentlich den Unterschied zwischen Wespen und Bienen kennen, soll uns hier genügen. Wespen – die übrigens auch sehr nützliche Tiere und ganz zu Unrecht so verschrien und gefürchtet sind – sehen nun mal mit ihren Streifen ein wenig gefälliger aus als die einfarbigen Bienen. Und wir wollen ja ein Mobile haben, das auch optisch gut wirkt.

Die Grundarbeit ist so einfach, daß auch die Jüngsten sehr gut mitbasteln können. Nur das Biegen des Silberdrahtes und das Aufhängen der „Bienen" und des Korbes sollte am besten ein älterer Bastler oder ein Erwachsener besorgen.

Wie viele Bienen du um den Korb summen läßt, ist dir überlassen. Wir haben neun Bienen gebastelt, es könnten auch zehn oder elf sein, vielleicht auch nur acht. Zu viele allerdings lassen die Sache unübersichtlich werden, zu wenige dagegen lassen das Mobile ein wenig kahl erscheinen.

Ein Tip noch zur Verarbeitung des Bastes für die Flügel. Egal, ob man Natur- oder Kunstbast verwendet, er läßt sich in jedem Fall besser verarbeiten, wenn man ihn vorher in ein feuchtes Tuch einschlägt. Dadurch wird er geschmeidiger und läßt sich vor allem auch besser auffalten, ohne dabei gleich einzureißen.

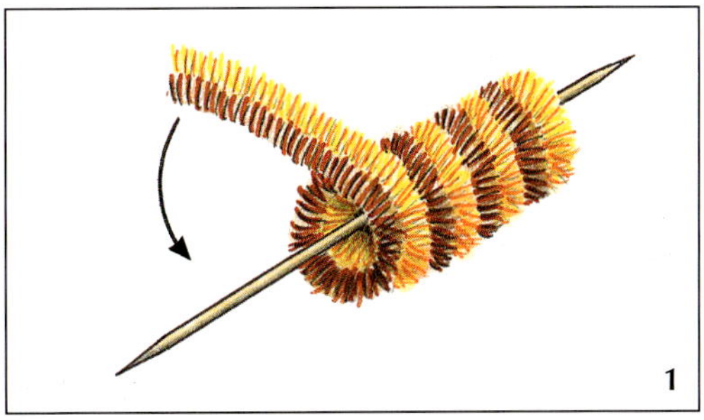

1

1. Wickle die beiden Pfeifenreiniger zusammen um den Holzzahnstocher

2

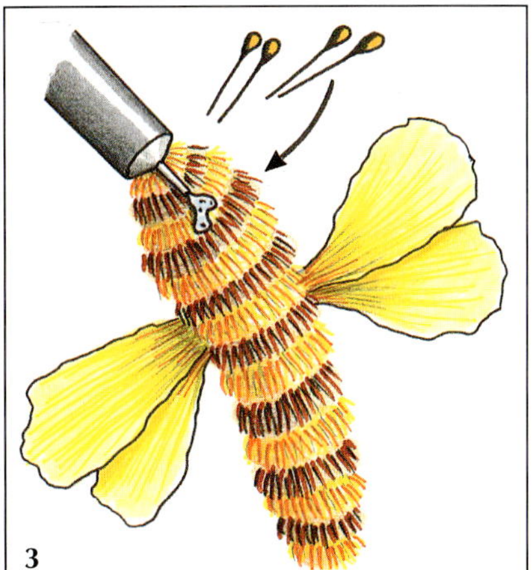

3

2. Arbeite beim Rollen der Pfeifenreiniger zwei etwa 11 cm lange Baststücke mit ein, falte sie auseinander und schneide sie rund zu

3. Klebe Blütenstempel aus Plastik als Fühler ein (du bekommst sie fertig im Hobbyfachhandel)

4. Für den Bienenkorb schneidest du die Papprolle an einer Seite mehrmals 2 cm tief ein. Biege den Rand nach innen

5. Klebe die dicke Kordel von der Spitze aus rund um die Papprolle

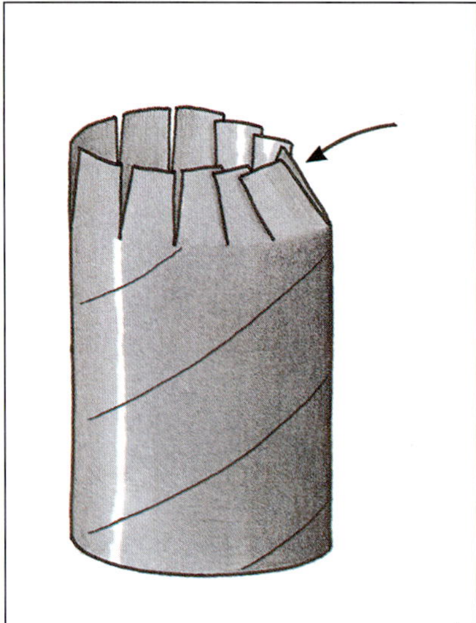

4

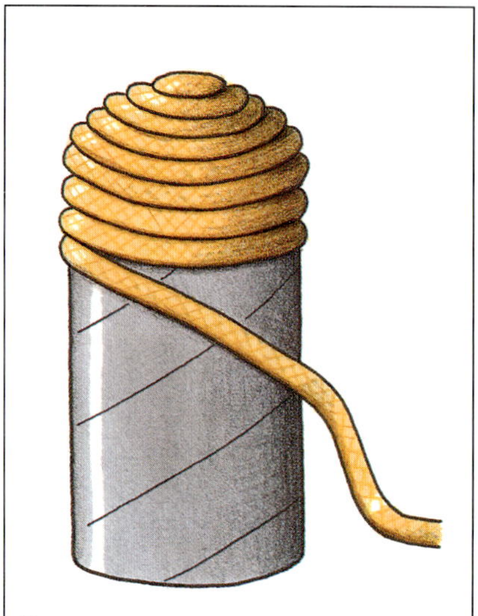

5

6. Schneide die Tür des Bienenkorbs nach der Vorlage auf Seite 136 aus braunem oder schwarzem Tonpapier zu und klebe sie unten auf den Korb. Ziehe dann von innen mit einer Nadel einen Faden als Aufhängung durch. Mache unten einen festen Knoten oder befestige eine Perle am Faden

7. Drehe den Silberdraht zu einer unten enger werdenden Spirale, befestige mit Fäden die Bienen daran und hänge ganz unten den Bienenkorb an

6

7

Du brauchst:
6 Styroporkugeln (vier Größen)
Krepp- und Tonpapier
Pfeifenreiniger
Silberdraht
Plakafarbe, Pinsel
Schere, Klebstoff
Holzstab, Faden

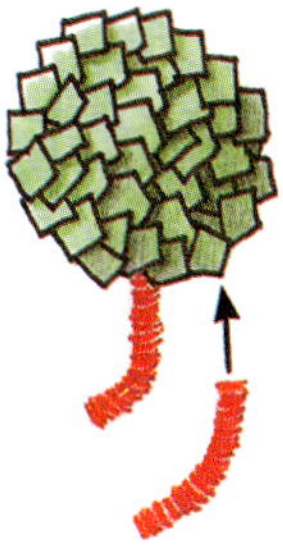

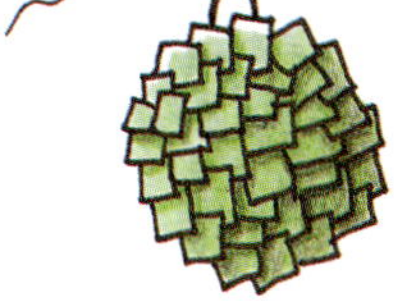

Kugelraupe

Gemächlich krabbelt sie dahin, die lustige grinsende Kugelraupe. Gemacht wird sie ganz einfach. Du brauchst 6 Styroporkugeln beliebiger Größe. Wir haben für den Kopf eine Kugel von 7 cm Durchmesser gewählt. Für den Raupenkörper haben wir zwei Kugeln zu 6 und 5 cm und noch eine von 4 cm Durchmesser verwendet. Grünes Krepppapier haben wir in 2 x 2 cm große Stücke geschnitten und damit alle Kugeln – bis auf die größte – rundum leicht überlappend beklebt. Schneide dir gleich eine ordentliche Menge, du brauchst mehr, als du denkst. Bei der größten Kugel haben wir für das Gesicht ein Feld freigelassen, das haben wir erst mit grüner Farbe angemalt, dann mit den Augen und dem Mund aus Tonpapier (Vorlagen auf Seite 136 beklebt. Aus gelben Pfeifenreinigerstücken haben wir zwei Fühler gebogen und in die Kugeln gesteckt. Beinchen entstanden aus roten Pfeifenreinigerstücken. Für die Aufhänger wurden 4 cm lange Silberdrahtstücke zur U-Form gebogen und in die Kugeln gesteckt. Daran wurden die Fäden befestigt, an denen die Kugeln hintereinander am Holzstab angebunden wurden.

Wenn du die Raupe nachbastelst, kannst du die Größe und die Zahl der Kugeln selbst bestimmen. Mach sie aber nicht zu kurz, sonst sieht sie eher wie ein Käfer aus, aber auch nicht zu lang, sonst könnte man sie für einen Regenwurm halten.

Drachen im Herbstwind

Du brauchst:
weißen Tonkarton
buntes Transparentpapier
schwarzes Tonpapier
Bleistift, Schere
Klebstoff
Nadel, Faden

Damit das Mobile beweglich bleibt, solltest du nicht zu viele Drachenschwänze an gegenüberliegenden Wolken befestigen

Nicht jeder kann im Freien Drachen steigen lassen, wenn draußen der Herbstwind munter über die Felder pfeift. Aber ein Drachenmobile kann sich jeder basteln:
Pause zunächst vom Vorlagebogen (Seite 156/157) die Wolken ab und schneide sie aus weißem Tonkarton aus. Natürlich kannst du beliebig andere und sehr viel größere Wolkenformen gestalten.
Auf schwarzes Tonpapier überträgst du dann das Drachengerüst, für das du auf Seite 157 ebenfalls eine Vorlage findest. Du schneidest es aus und hinterklebst es mit buntem Transparentpapier. Du kannst entweder den so fertiggestellten Drachen in der Längsachse knicken oder einen zweiten schwarzen Rahmen aus Tonpapier von der Rückseite dagegenkleben.
Für den Drachenschwanz werden 1 x 2 cm große Stücke Transparentpapier in einen langen Faden geknotet, der dann am Drachen befestigt und mit den Wolken verbunden wird.
Du kannst so viele Drachen basteln, wie du möchtest – bei uns sind es fünf.

1. Lege das Drachengerüst aus schwarzem Tonpapier auf Drachenpapier, schneide den Umriß nach und klebe die beiden Papiere aufeinander

2. Befestige die Drachenschwänze direkt mit Klebstoff an der Wolke oder halte sie mit unterschiedlich langen Fäden

Du brauchst:
Tonpapier
Holzring (15 cm Durchmesser)
Styroporreste
Filzstift
Messer, Schere
Klebstoff
Nadel, Faden

Pinguine

Wenn es draußen Stein und Bein friert, dann sind sie so richtig in ihrem Element, die Pinguine, die ja nur auf der Südhalbkugel in den kältesten Zonen unserer Erde leben.
Genau die richtige Bastelei also für einen kalten Wintertag – oder, gerade im Gegenteil, für einen Sommertag, an dem man vor Hitze vergehen könnte: Vielleicht hat der Gedanke an soviel Eis und Kälte dann sogar eine abkühlende Wirkung?!

Hast du gewußt, daß die echten Kaiserpinguine, die für unser Mobile Pate gestanden haben, im arktischen Herbst des Südpols brüten, wenn die Temperaturen dort auf –50 °C sinken und Stürme mit bis zu 80 Stundenkilometern Geschwindigkeit über die Eislandschaft fegen? Ziemlich ungemütlich – meinen wir, aber den Kaiserpinguinen ist es recht so, sie rücken ganz einfach dicht zusammen. Ohne Schuhe und Strümpfe halten sie so

1

2

1. Schneide alle Teile in entsprechenden Farben aus Tonpapier aus und klebe sie zusammen

2. Für die Eisschollen schneidest oder brichst du Styroporstücke zurecht, für die Aufhängung ziehst du einen Faden durch

dem Wetter stand – und zu essen gibt es wochenlang auch nichts! Ganz schön zäh, diese flugunfähigen Vögel, die, man sollte es nicht glauben, schwimmen können wie die Fische.
So, nachdem wir jetzt etwas über die echten Kaiserpinguine gelernt haben, wollen wir uns daranmachen und welche basteln:
Auf Seite 148/149 findest du Vorlagen für alle Umrißformen. Da du für ein Mobile mindestens fünf Pinguine brauchst, lohnt es sich, daß du dir für alle Teile Schablonen herstellst. Wie du das machst, steht auf Seite 13, aber als alter Bastler weißt du das ja schon. Den Bauch der Pinguine ritzt du an den gestrichelten Linien mit der Schere oder dem Cutter vorsichtig ein wenig ein und faltest ihn dann so, daß ein runder Körper entsteht, den du an der Klebelasche zusammenklebst. Klebe dann die gelbe Schürze vorne auf den Bauch und auf den Rücken den schwarzen Frack. (Wir haben uns mit der gelben Schürze eine kleine Freiheit genommen – eigentlich haben die Königs- und die Kaiserpinguine die für sie typischen gelben bis orangeroten Flecken auf den Wangen und am Hals; aber das hätte die Bastelei unnötig erschwert.) Setze nun den aus schwarzem Tonpapier geschnittenen Kopf oben an den Bauch an. Male die Augen mit Deckweiß und Schwarz oder schneide auch dafür Tonpapier zurecht. Es ist leicher, wenn du erst die Augen machst und dann erst den Schnabel aufklebst. Und natürlich die Füße nicht vergessen. Durch den fertigen Pinguin wird oben mit der Nadel ein Faden gezogen, mit dem der Pinguin am Holzring befestigt wird.
Zwei oder drei der Pinguine läßt du auf Eisschollen aus Styropor stehen, die anderen schweben frei. Es macht sich gut, wenn du auch einzelne Eisschollen am Holzring befestigst. Wenn du willst, kannst du außerdem noch einige Wattekugeln an Fäden als Schneegestöber zwischen die Pinguine hängen.

Fensterbilder

Für alle Bastelfreunde, die gern mit Papier gestalten und dabei fröhliche, vielseitige Motive lieben, sind Fensterbilder der ideale Bastelspaß. Und ein Fenster, an dem man die bunten Entwürfe dekorativ zur Geltung bringen kann, hat eigentlich auch jeder. Freilich, vorsichtig und genau mußt du schon vorgehen, Geduld und Sorgfalt brauchst du auch. Besonders kleinere Teile muß man sehr sauber ausschneiden, und ehe man seine Teile klebt, muß man erst schauen, ob auch alles richtig sitzt und paßt. Einige der hier vorgestellten Motive kannst du, ganz oder teilweise, natürlich auch zu anderen Zwecken verwenden – etwa als lustige Tischkarten oder als Grußkarten.

Frühlingsenten

Auf den Seiten 14 bis 16 ist genau beschrieben, wie dieses Fensterbild mit der tauchenden Ente zu gestalten ist

Die linke Ente allein eignet sich auch als Geschenkanhänger oder als Tischkarte. Arbeite sie dann aus etwas festerem Tonkarton und stelle sie in einen Fuß aus einem eingeritzten Styroporblöckchen

Die Vorlage zum Abpausen findest du auf Seite 148.

Verwende Klebstoff sehr vorsichtig, besonders bei kleinen Teilen und an den Rändern, damit er nicht unter den einzelnen Teilen hervorquillt

Bärenlokomotive

Für diese lustige Bärenlokomotive lohnt sich ein bißchen Mühe bestimmt. Brummi geht hier mit seiner Freundin Lisa auf große Fahrt. Alle Teile sind aus verschiedenfarbigen Tonpapieren ausgeschnitten, nur die schwarzen Verzierungen an der Bärenkleidung und Ohren, Nase und Augen malst du mit schwarzem Filzstift. Ein Klecks Deckweiß auf Nasenspitze und Augen läßt unsere Bärenfreunde gleich viel frecher wirken.

Die Vorlage findest du auf Seite 142. Bis auf die Lokomotive selbst und den braunen Körper von Brummi brauchst du alle Teile doppelt. Wenn du Lust hast, kannst du die Lok noch bunt bekleben – oder wie wäre es mit einer Wattewolke, die aus dem Schornstein quillt?

Urlaubssonne

Die Sonne selbst beim wohligen Sonnenbad im Urlaub. Die vielen verschiedenfarbigen Sonnenstrahlen kannst du je nach Belieben ein-, zwei- oder dreifach übereinanderkleben. Alle anderen Motivteile brauchst du in doppelter Ausführung. Die Vorlage findest du auf Seite 150/151

Wenn du magst, kannst du dieses Schiff auch sehr schön mit bunten Segeln basteln

Schiff ahoi!

Das von Möwen umflatterte Segelschiff läßt an Sommer, Sonne und Urlaub am Meer denken. Das Fensterbild ist recht einfach und schnell gemacht. Schneide die Teile nach dem Vorlagebogen auf Seite 150/151 aus. Das Schiff selbst brauchst du nur einmal. Den Rahmen und die drei großen Segel mußt du je einmal doppelt ausschneiden, die Wolken und die kleinen Segel brauchst du zweimal, die Vögel dreimal doppelt. Wohin das Schiff wohl segeln mag? Auf jeden Fall ist es ein schöner Schmuck.

Neandertaler

Dieser Neandertaler mit seiner großen Keule und dem Knochen in der Hand fürchtet sich nicht vor dem Drachen Fauch von Feuerstein. Pause die Teile vom Vorlagebogen auf Seite 143 ab, die Keule und den Knochen brauchst du nur einmal, alle anderen Teile doppelt

Die beiden Fensterbilder – den Drachen und den Neandertaler – kannst du auch gut miteinander kombinieren – kämpfen sie gegeneinander oder sind sie gut Freund?

Drache Fauch von Feuerstein

Dieser Drache ist, wie sein Name schon vermuten läßt, natürlich von Adel. Er stammt aus dem Geschlecht derer von Dinohausen, und ist, wie es sich für einen alten Adligen gehört, ein wenig umständlich. Das heißt, du mußt schon ein bißchen schnipseln, bis du alle Teile vom Vorlagebogen auf Seite 152/153 beisammen hast, denn du brauchst bis auf die rote Flamme und den grünen Leib fast alle Teile zweimal. Damit es etwas schneller geht, kannst du für die Rückenschuppen und die Fußkrallen mehrere Lagen Tonpapier übereinanderlegen und zusammentackern. So kannst du das Motiv auf einen Schlag drei- oder viermal ausschneiden – je nachdem, wie dick das Papier ist, das du gewählt hast. Bevor du die Teile aufeinanderklebst, kannst du mit der Form etwas spielen. Du kannst den Kopf mehr nach oben verdrehen oder die Beine und die Flügel etwas anders setzen.

Ganz gemächlich kriecht diese Schnecke auf dem Ast voran. Den besonderen Pfiff bekommt das Fensterbild durch das nur am Rand befestigte Schneckenhaus.

Lustige Tiere

Schnecke

Wenn du Tiere gerne magst, sind diese Fensterbilder genau das richtige für dich. Die Schnecke oben kann so leicht nichts aus der Ruhe bringen: Zentimeter für Zentimeter geht es auf dem Ast voran. Wir haben für den Rahmen braunen Tonkarton genommen, die übrigen Teile werden doppelt aus Tonpapier ausgeschnitten. Du klebst die Teile von beiden Seiten gegen den Rahmen. Das Schneckenhaus wird nur am äußeren Rand festgeklebt und sieht dadurch ganz echt aus. Wenn dir die gelbschwarz geringelten Häuser vieler Schnecken besser gefallen, nimm einfach gelbes Tonpapier und bemale es schwarz. Die Vorlagen für dieses Fensterbild findest du auf Seite 137.

Kätzchen

Sind die beiden Kätzchen nicht niedlich? Mit ihren großen Schleifen haben sie sich richtig fein gemacht. Beide Katzen sind nach der gleichen Vorlage gearbeitet (sie steht auf Seite 137). Du schneidest die Grundform aus schwarzem oder weißem Tonkarton aus und klebst die übrigen Teile dann darauf. Die Schleifen und die Katzengesichter bekommen mit schwarzem Filzstift den letzten Schliff, die Schnauze der schwarzen Katze malst du vorsichtig mit Deckweiß. Die Hinterbeine der Katzen und bei der schwarzen Katze auch die weißen Pfoten, den Fleck am Hinterbein und die weiße Schwanzspitze schneidest du doppelt aus, um sie auch von hinten gegen die Katzenform zu kleben. So haben deine Kätzchen auch eine schmucke Rückseite. Diese beiden Fensterbilder sind übrigens auch ein tolles Geschenk für alle Katzenfreunde. Vielleicht kennst du einen, den du damit erfreuen kannst.

Möchtest du vielleicht lieber ein braunes oder graues Kätzchen? Nach der Vorlage auf Seite 137 kannst du dir deine Lieblingskatze basteln. Der schwarze Kater und seine weiße Freundin sind nur zwei Vorschläge von uns.

Wintermond

Ziemlich verfroren sieht er aus, der Wintermond mit seinem Eiszapfen an der Nase und seiner Mütze aus Schnee – aber das alles kann seine gute Laune nicht trüben. Bis auf die innere schwarze Scheibe und die unteren Eiszapfen brauchst du alle Teile zweimal. Die Vorlage für den Mond findest du auf Seite 147. Auge, Mund und Nasenflügel malst du mit schwarzem Filzstift ein

Du brauchst:
Tonkarton in verschiedenen Farben
1 Stück rosa Filz
selbstklebende Sterne
Locher
Schere
schwarzen Filzstift
Klebstoff

Schneemann

Auch dieser hübsche Schneemann sieht recht munter aus – kein Wunder, denn mit seinem dicken Schal friert er ganz bestimmt nicht. Und auf seinen prachtvollen Hut ist er mit Recht stolz. Zu basteln ist dieser verschmitzte Geselle recht einfach. Die Vorlagen für die Figur und das Tannenbäumchen findest du auf Seite 146. Du schneidest alle Teile einmal aus und klebst dann den Schneemann auf den Tannenbaum. Den Topfhut verzierst du mit selbstklebenden Sternen, die es fertig zu kaufen gibt, die Augen kannst du mit dem Locher aus schwarzem Tonpapier ausstanzen. Für den Schal schneidest du ein langes Stück Filz zurecht – vergiß die Fransen nicht! Zum Schluß noch ein paar schwarze Filzstiftstriche auf die Mohrrübe, und schon sieht sie wirklich täuschend echt aus.

Basteln für die Weihnachtszeit

Wenn der erste Advent näher rückt und dann bald auch der Nikolaustag und Weihnachten vor der Tür stehen, überkommt fast alle Kinder die Bastellust. Weihnachtssterne und Adventskalender werden dann gebastelt, und auch ein schöner großer Strumpf für den Nikolaus, damit er auch ordentlich was hineinpacken kann. Aber man möchte auch liebe Weihnachtsgrüße verschicken – und macht das nicht besonders viel Spaß, wenn man die Karten dafür selbst hergestellt hat? Es geht, wie du sehen wirst, ganz einfach. Und wie wär's mit einem Tannenbaum oder mit Tannenzweigen in der Vase, an denen neben dem gekauften Christbaumschmuck auch Selbstgebasteltes hängt? Schließlich machen auch kleine Geschenke noch mehr Freude, wenn sie auf ganz besondere Weise weihnachtlich verpackt sind – und zum guten Schluß starten wir mit einer Glücksrakete ins neue Jahr.

Du brauchst:
Tonpapier
Tonkarton für die Rahmen
50 Musterbeutelklammern
Klebstoff
Bleistift
Lineal
Schere

Der große Adventsstern kann über eine schwache Glühbirne gehängt werden, dann leuchtet er von innen heraus. Er kann aber auch durch einen zusätzlichen Strahl geschlossen werden

Großer Adventsstern

Dieser imposante Weihnachtsstern ist eine nicht ganz einfache und viel Geduld erfordernde Bastelarbeit – aber der Aufwand lohnt sich in jedem Fall. Die Farbe und die Art des Papiers kannst du nach eigenem Geschmack wählen. Am leuchtkräftigsten sind ein sattes Gelb oder ein Orangeton, aber auch Sterne aus Gold- und Silberfolie wirken sehr schön.

Die Grundrisse der Sternzacken und der Rahmen findest du auf dem Musterbogen auf Seite 156/157. Du kannst diese Zacken beliebig verklei-

So werden die Sternzacken mit Musterbeutelklammern durch die Rahmen und Laschen von außen nach innen verbunden

nern. Du kannst aber auch die dreieckigen Zacken kürzer als die viereckigen machen. Nur die Länge der Grundkanten muß bei allen Zacken übereinstimmen, denn sonst kannst du sie nicht paßgenau zusammenfügen.
Du brauchst 8 dreieckige und 17 – wenn du den Stern oben schließen willst 18 – viereckige Zacken. Die Zacken der großen Sterne werden am Fuß mit Rahmen verstärkt, bei kleinen ist das nicht nötig. Du brauchst also entsprechend 8 dreieckige und 18 viereckige Rahmen. Dafür kannst du eine Kontrastfarbe zu den Zacken wählen, aber Ton in Ton sieht es eigentlich besser aus. Wir haben die Kontrastfarbe gewählt, damit du die Bastelweise besser erkennen kannst.
Wenn du alle Teile ausgeschnitten hast, ritzt du die Falzkanten der Strahlen ein wenig vor, sie lassen sich dann besser knicken. Je akkurater die Knikke, desto schöner der Stern.
An den langen Seitenlaschen klebst du die Strahlen mit Klebstoff so zusammen, daß die Laschen nach innen kommen. Die Fußlaschen dagegen knickst du nach außen und setzt die Rahmen auf. Die schwarzen Punkte geben an, wo du Löcher für die Klammern machen mußt. Wer keine Lochzange dafür hat, kann die Löcher auf einer dicken Pappunterlage mit dem Dorn des Milchdosenöffners bohren.

Setze die Strahlen dann, wie die Zeichnungen zeigen, zusammen, jede Klammer muß durch je zwei Rahmen und zwei Laschen geführt werden. Der große Stern hat oben eine Öffnung. Durch die freien Löcher kannst du Fäden ziehen und den Stern über eine nicht zu heiß werdende Lichtquelle hängen. Die kleinen Sterne werden oben mit einer weiteren Zacke geschlossen und an einem durchgefädelten Faden aufgehängt. Sie brauchen keine Rahmen am Fuß der Zacken, sie werden direkt an den unteren Laschen miteinander verklebt. Auch den großen Stern kannst du ganz schließen.

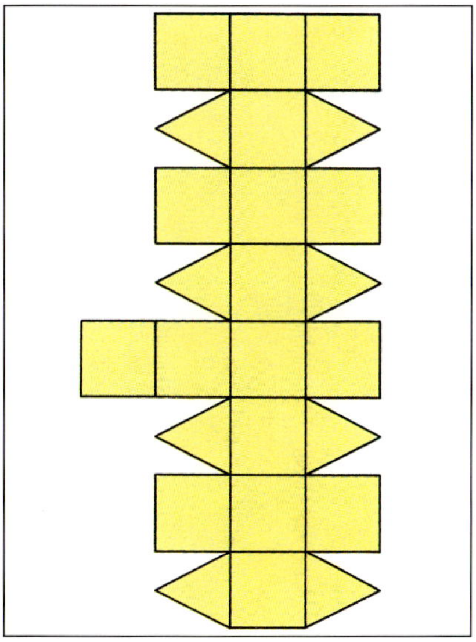

Nach diesem Schema setzt du dreieckige und viereckige Zacken zusammen

Tannenbaum-Adventskalender

Du brauchst:
Ton- und Kreppapier
24 Papprollen vom Toilettenpapier
Schere, Klebstoff
Stifte
kräuselbares Geschenkband

Dieser Adventskalender, der es im wahrsten Sinne des Wortes in sich hat, sieht am schönsten aus, wenn du sowohl für die Bäumchen als auch die Umkleidung der Papprollen und das Geschenkband Grüntöne wählst, die farblich kontrastieren. Du kannst die Papprollen aber auch mit Weihnachtspapier umkleiden und für die Schleifen Goldband wählen.

24 Tage warten auf Weihnachten werden versüßt durch 24 kleine Geschenkpäckchen. Du kannst den Kalender aber auch anders gestalten: Schneide nach dem Vorlagebogen nur Umrisse der Tannenbäume und hinterklebe sie mit Transparentpapier. In durchsichtige Plastikbecher stellst du dann Teelichte. Jeden Tag entzündest du ein weiteres Teelicht, bis am Heiligen Abend dann endlich alle 24 Lichtlein brennen

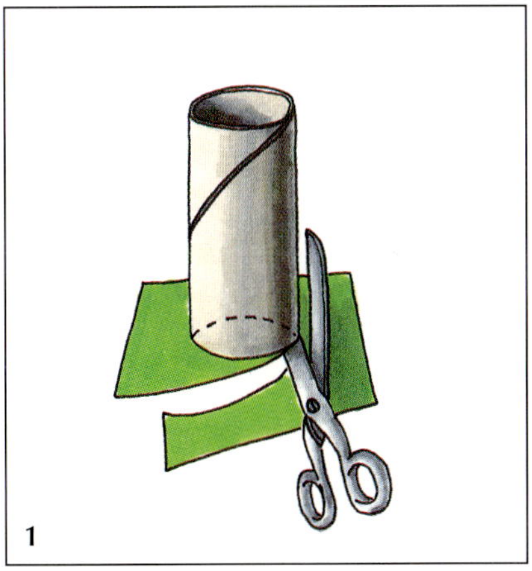

1

2

1. Schneide aus Pappe Böden für die Papprollen, und klebe sie auf

2. Umkleide die Rollen mit aufgeklebtem Krepppapier, das an der offenen Seite der Rolle ein paar Zentimeter übersteht

3

4

3. Fülle die Rolle mit einer süßen Kleinigkeit oder einem Spielzeug, binde sie oben mit Geschenkband zu, und kräusele das Band über einer Schere

4. Schneide nach den Vorlagen auf Seite 144 24 doppelte Tannenbaumformen aus, knicke sie an der Faltlinie, und klebe sie an der kleinen Lasche unten zusammen

5

6

5. Schneide nach der Vorlage 24 Sterne aus und beschrifte sie von 1 bis 24

6. Stelle in jedes Bäumchen eine Rolle, arrangiere deine Bäumchen auf der Fensterbank oder auf einer Kommode

Du brauchst:
Filz in verschiedenen Farben
Goldzackenband
Glitzersternchen
Stifte, Schere
Klebstoff
Nadel und Faden

Nikolausstrumpf

In diesen schönen großen Strumpf, der einem Stiefel des Weihnachtsmanns nachempfunden ist, kann dir der Nikolaus am Abend des 5. oder 6. Dezember eine Menge Süßigkeiten oder Spielsachen packen. Du kannst ihn aber auch selber füllen und jemandem eine Freude damit bereiten. Nach dem Vorlagebogen auf Seite 154/155 schneidest du alle Teile aus Filz zu. Da der Strumpf ziemlich groß ist, mußten wir ihn in zwei Teilen aufzeichnen. Wie du sie beim Abpausen zusammensetzt, wird auf Seite 130 erklärt. Dann klebst du den mit allen Einzelteilen verzierten Schneemann auf den Strumpf. Jetzt kannst du dich entscheiden, ob du die beiden Strumpfteile zusammenkleben oder -nähen willst. Genäht halten sie besser, und wenn sie gar mit der Maschine genäht sind, kann gar nichts mehr passieren. Vielleicht hilft dir deine Mutter dabei? Aus einem nur geklebten Strumpf können die Sachen herauspurzeln, wenn du nicht gut und gründlich genug geklebt oder den Strumpf zu voll gefüllt hast. Und er darf doch ruhig gut gefüllt werden, oder? Also nimm lieber die sichere Variante und nähe die Teile zusammen.

Kleine Schneemänner und Nikoläuse
Neben den Süßigkeiten magst du vielleicht auch kleine Weihnachtsfigürchen in den Strumpf packen oder zur Dekoration danebenstellen. Das kleine Bildchen auf Seite 158 zeigt putzige Schneemänner und einen Nikolaus – alle leicht zu basteln.

Für die Schneemänner brauchst du vier Watte- oder Styroporkugeln: zwei von je 1,5 eine von 4 und eine von 5 cm Durchmesser. Die kleinsten sind für die Arme, die größeren für Körper und Kopf. Du klebst die Kugeln zusammen und sicherst sie mit – eventuell verkürzten – Holzzahnstochern oder Stecknadeln. Um den Hals bekommen die Schneemänner eine rote Schleife, Gesicht und Knöpfe werden aufgemalt. Bei den Osterbasteleien findest du Hinweise, wie man flache Hüte und Zylinder bastelt.
Für den Nikolaus brauchst du nur eine Kugel von 4 cm Durchmesser für den Kopf. Der rote Rock und die Mütze werden aus Aluminiumbastelfolie gemacht: Schneide Kreise aus und klebe sie zu Kegeln zusammen – schau bei den Osterbasteleien, wie das gemacht wird –, setze oben auf die Mütze eine Wattebommel, klebe unten um den Mantel einen Wattesaum, male dem Nikolaus mit Filzstift ein Gesicht und klebe ihm einen großen Wattebart an. Fertig sind die lustigen Gesellen, die man zum Dekorieren und Schmücken vielseitig verwenden kann.

1

1. Pause die Teile vom Vorlagebogen ab, übertrage die Umrisse auf Filz und schneide alles aus. Das große Stumpfteil brauchst du zweimal, alle anderen Teile einfach. Klebe den Schneemann wie ein Fensterbild zusammen, und klebe ihn dann auf das Vorderteil des Strumpfes

2

3

2. Nähe oder klebe die beiden Strumpfteile gut zusammen

3. Klebe rund um den Strumpf Goldzackenband, und nähe, wenn du magst, oben einen Aufhänger ein

Du brauchst:
Lack- oder Tonkarton
Geschenkpapier oder Bastelfolie
Schere, Cutter
Klebstoff
Stifte
fertige Passepartoutkarten

Grußkarten zur Weihnachtszeit

Auf dem Vorlagebogen auf Seite 145 findest du das Glockenmotiv für die selbstgebastelten Grußkarten. Denke daran, daß du ein doppelt so großes Stück Tonkarton ausschneiden mußt, denn die Karte wird ja geklappt.

1. Du schneidest das Motiv aus dem Tonkarton aus

2. Dann ritzt du den Bruch etwas vor und faltest die Karte

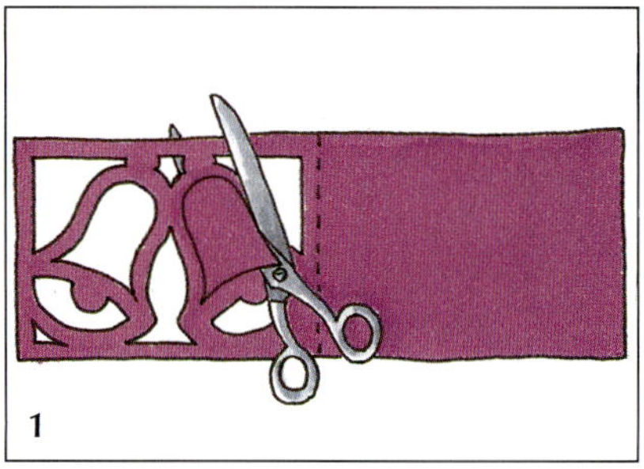

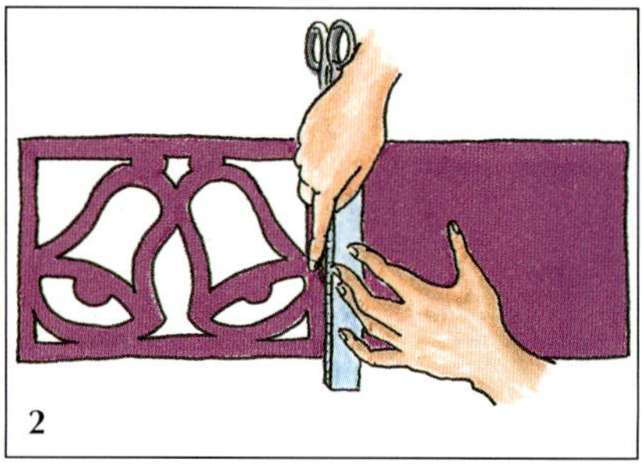

Schneide alles sehr vorsichtig und sorgfältig aus, klebe ein hübsches Geschenkpapier hinter die Glocken, fertig ist die Karte.
Übrigens – auch zu Ostern läuten die Glocken, du kannst also das Motiv, mit entsprechend anderem Papier hinterklebt, auch als Osterkarten verschicken.
Auch fertige Passepartoutkarten lassen sich mit Geschenkpapier hinterkleben und mit weihnachtlichen Motiven vom Vorlagebogen (Seite 146) verzieren. Kleine Pailettensterne und Monde schaffen schöne Effekte.

3. Hinterklebe das ausgeschnittene Motiv mit Geschenkpapier. Gehe sehr vorsichtig mit dem Kleber um, die Klebestege sind sehr schmal, und es soll ja kein Klebstoff hervorquellen

Auch fertig gekaufte Passepartoutkarten kannst du mit weihnachtlichen Motiven und Geschenkpapier sehr schön gestalten

Weihnachtsmotive in Metalldruck

Du brauchst:
Metallfolie
weiche Unterlage
Stifte
Schere, feine Pinsel
lösungsmittelfreie Glasmalfarben

Drücke mit der Spitze eines Stiftes alle Konturen des Motivs in die Metallfolie, lege sie dabei auf eine weiche Unterlage

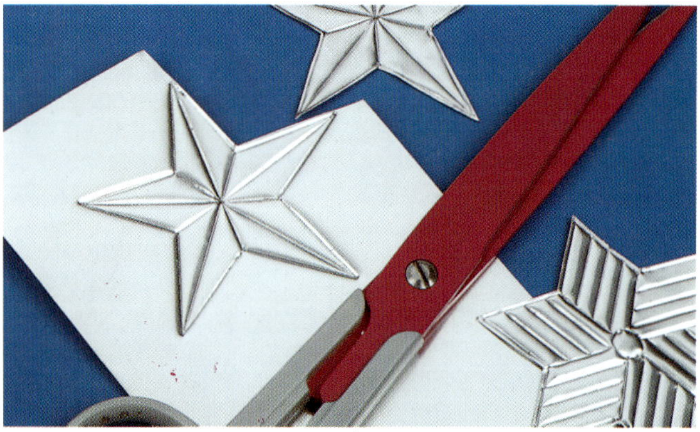

Schneide das Motiv entlang der äußeren Konturen aus

Trage mit einem feinen Pinsel auf die tieferliegenden Flächen der Folienrückseite lösungsmittelfreie Glasmalfarben auf

Mit Metallfolie – am besten geeignet ist 0,25 mm dicke Alu- oder Kupferfolie – lassen sich sehr hübsche Weihnachtsdekorationen arbeiten. Man kann sie als Geschenkanhänger verwenden, auf Gruß- und Tischkarten kleben und als Schmuck in Zweige oder an den Baum hängen.
Lege deine Metallfolie auf eine weiche, aber glatte Unterlage, das kann eine dicke Filz- oder Stoffdecke sein oder auch eine dicke Lage Papiertaschentücher. Dann zeichnest du die Motive vom Vorlagebogen auf Seite 144/145 auf Pergamentpapier ab, legst es über die Metallfolie und fährst alle Konturen nach. Wegen der weichen Unterlage drücken sich die Linien in die Folie ein. Sind die Konturen nicht deutlich genug eingedrückt, fährt du die Linien direkt auf der Folie noch einmal nach. Schneide die Motive mit einer Schere aus, lasse dabei einen ganz knappen Rand von 1 bis 2 mm stehen. Dann werden auf der Rückseite die tieferliegenden Teile mit Glasmalfarbe ausgemalt. Die empfohlene lösungsmittelfreie Farbe wird vorsichtig mit einem feinen Pinsel unverdünnt aufgetragen. Willst du die Metalldrucke aufhängen, fädele einfach mit einer Nadel einen Faden durch.

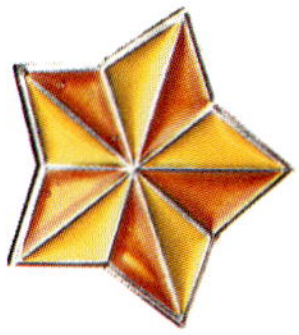

Weihnachtsdekorationen aus bemalter Metallfolie zaubern eine behagliche Stimmung, besonders, wenn Kerzenlicht die glitzernde, schimmernde Pracht des Metalls verstärkt

Transparentsterne

Du brauchst:
Transparentpapier
Schere
Lineal oder Dreieck
Zirkel
Klebstoff

Alle diese Transparentsterne sind aus einfachen geometrischen Formen zusammengesetzt, aus Quadraten, Dreiecken, Halb-, Viertel- und Achtelkreisen. Das verwendete Transparentpapier schafft zusätzliche Effekte

Um diesen bunten Sternenhimmel zu gestalten, brauchst du Transparentpapier in beliebigen Farben, das du in geometrischen Formen ausschneidest. Das heißt, du mußt dir mit Hilfe von Dreieck, Zirkel und Lineal Kreise, Quadrate und Dreiecke herstellen, die du dann wiederum beliebig aufteilst und zu Sternformen zusammensetzt. Unten sind ein paar Beispiele gezeigt. Es ergeben sich dadurch nicht nur die unterschiedlichsten Sternformen, durch die Überlappung der Papiere verstärken sich die Farben.

Ein besonders günstiges Ausgangsmaterial für diese Sterne ist übrigens sogenannte Colorfolie für Tageslichtschreiber. Du bekommst sie in gut sortierten Schreibwarengeschäften. Diese Folien lassen sich gut schneiden und sind selbsthaftend, so daß du eine Menge Formen ausprobieren und immer neu zusammensetzen kannst. Zugleich übst du den Umgang mit dem Zirkel. Laß dir, wenn du noch wenig damit gearbeitet hast, zunächst von einem Erwachsenen dabei helfen. Er kann dir erklären, wie man mit Hilfe des Zirkels einen Kreis in gleichmäßige Abschnitte teilt, oder versuche es selbst herauszufinden. Sechs gleich große Abschnitte bekommst du beispielsweise, wenn du mit gleichbleibendem Zirkelradius den Kreisumfang einteilst.

Die fertigen Sterne kannst du für Mobiles oder Fensterbilder verwenden oder auch als Schmuck in Tannenzweige hängen. Auf Weihnachtskarten aufgeklebt, sind sie eine hübsche Dekoration für Grußkarten, und auch die Verpackung eines Weihnachtsgeschenks kannst du mit diesen Sternen verzieren.

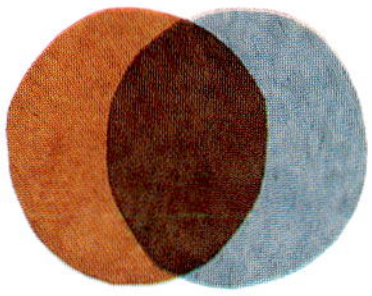

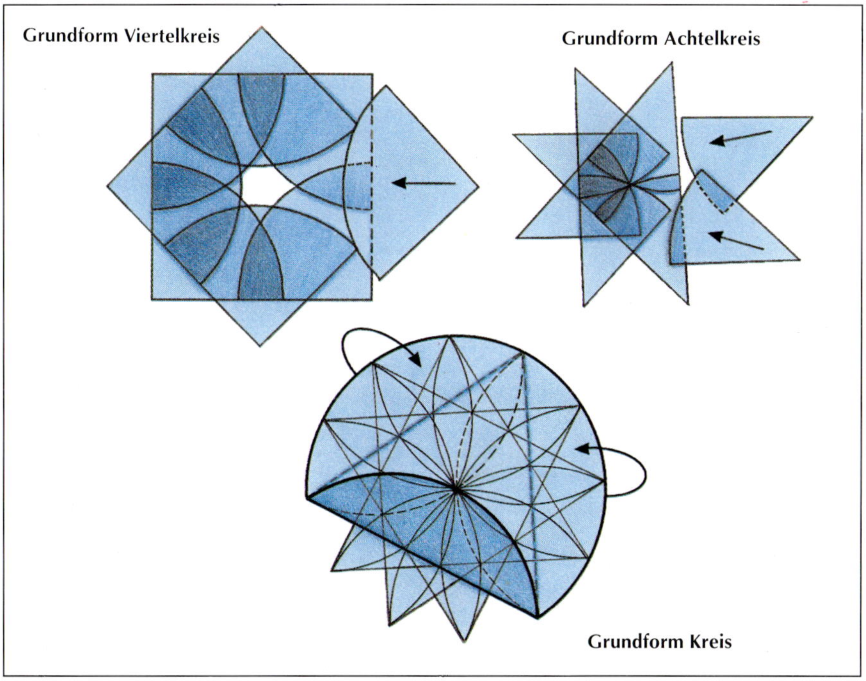

Man kann die Farbeffekte auch durch Überlagerung verschiedener Farben variieren. Überlappungen gleicher Farben verstärken den Farbton, Überschneidungen verschiedener Farben ergeben zusätzliche Farben

Du brauchst:
Schere
Nadel und Faden
Klebstoff
Watte, Filzstifte
die übrigen Materialien werden bei den Anleitungen aufgezählt

Christbaumschmuck

Bunten Christbaumschmuck wie diese Wattereifen mit den Engelchen, Sternen und Nikoläusen oder die Girlande mit den bunten Sternen selber zu basteln ist nicht nur unterhaltsam – es macht auch viel mehr Freude, eigenen Schmuck am Baum zu sehen als fertig gekauften

Metallsterne

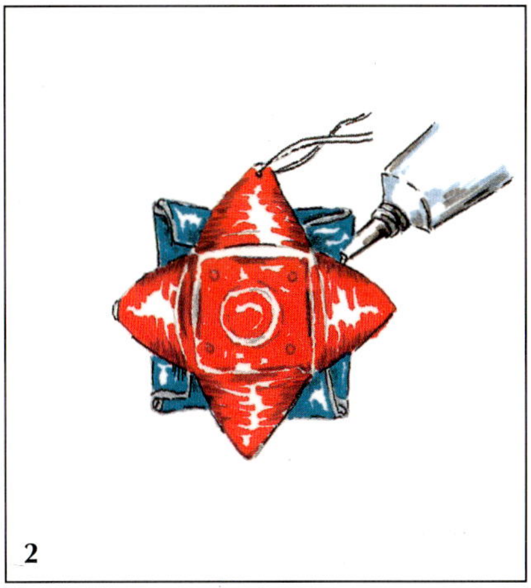

1. Für jeden Stern brauchst du 2 bunte, ausgebrannte Teelichter. Schneide sie an den Rändern viermal ein, knicke die Teile nach innen

2. Klebe je zwei Teelichter versetzt aufeinander. Silberfarbene Alutöpfchen kannst du mit Metallicfarben anmalen

Nikolaus

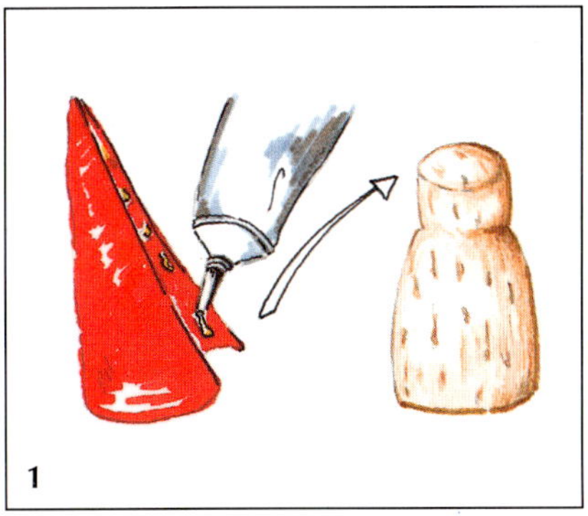

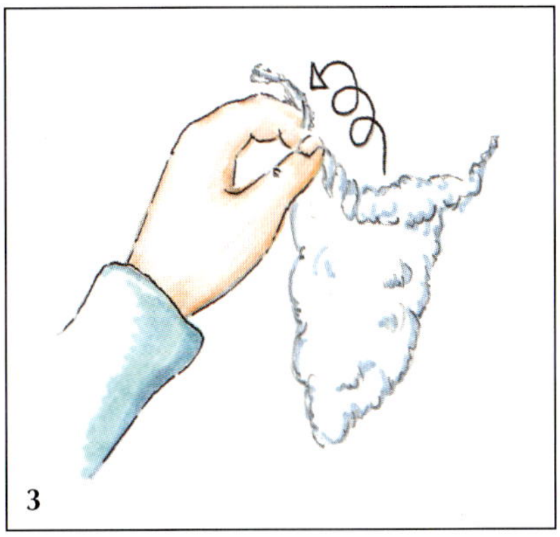

1. Du brauchst einen Sektkorken, einen Viertelkreis aus rotem Filz (Vorlage Seite 160), eine Stecknadel mit buntem Kopf

2. Setze dem Korken die Mütze auf, male die Augen. Stecke die mit einer Kneifzange gekürzte Stecknadel als Nase ein

3. Zupfe und drehe einen Wattebart

4. Klebe den Bart an, setze an das Ende der Mütze eine Wattebommel und klebe einen roten Filzmund auf den Bart. Ziehe als Aufhänger einen Faden durch die Mütze

Weihnachtsbengel

1. Male auf durchsichtige Folie mit schwarzem Folienstift die Figur von der Vorlage ab (Seite 160) und schneide sie aus

2. Verziere die Figur mit Glitzerfarben und Sternchen, klebe eine Wattewolke an den unteren Figurenrand

Goldengel (s. Weihnachtsbengel)

1. Bemale einen kleinen Tannenzapfen mit Goldfarbe und klebe eine Wattekugel als Kopf auf. Male dem Engel ein Gesicht

2. Schneide Flügel aus Glanzfolie (Seite 160) und klebe sie dem Engel an

Girlande (s. Weihnachtsbengel)

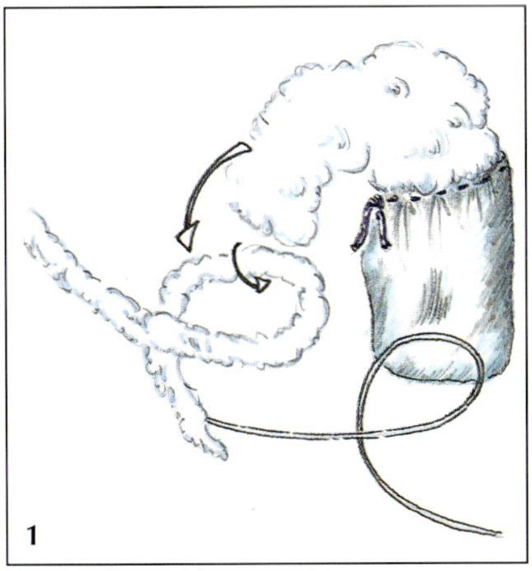
1

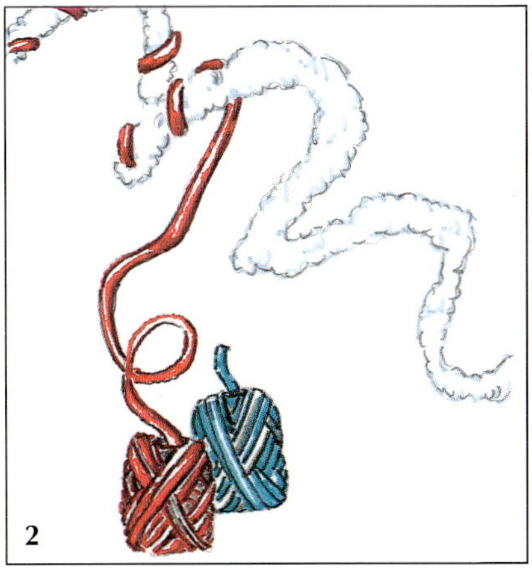
2

1. Umwickle den Draht stückweise mit Watte

2. Wickle dann verschiedenfarbiges Geschenkband um die Watte

Girlande

Für die Girlande brauchst du biegsamen Draht, den du zunächst spiralförmig windest, Watte und Geschenkband. Für die Verzierung mit Sternen eignet sich Metallfolie, du kannst an die Girlande aber auch die anderen hier vorgestellten Dekorationsteile hängen.

Geschenkband und Metallfolie gibt es in vielen schönen Farben, die du ganz nach Geschmack kombinieren kannst – entweder kunterbunt oder sehr weihnachtlich in Rot, Grün und Gold.

3

3. Übertrage den Umriß des Doppelsterns auf Metallfolie, schneide die Sterne aus und und befestige sie an der Girlande, indem du sie mit dem Verbindungsteil darumwindest

Wattering

Hier hast du zwei Möglichkeiten: Du kannst ein etwa 40 cm langes Stück biegsamen Draht so verzieren wie die Girlande, du kannst aber auch kleine Wattekugeln dicht auf dicht auf den Draht auffädeln und Geschenkband oder Paillettenband darumwickeln. Oben, wo die Drahtenden miteinander verdreht werden, bindest du auch das Band zur Schleife. In den Ring kannst du eine der eben vorgestellten Dekorationen hängen, dann wirkt er noch schöner

Den Wattering kannst du entweder mit Wattekugeln oder mit loser Watte basteln

Geschenkverpackungen Schneemann und Nikolaus

Du brauchst:
weißen Tonkarton
Tonpapier
Papprollen
Krepp- oder
Geschenkpapier
Schere, Klebstoff
Geschenkband
Filzstift

In die mit Geschenk- oder Krepppapier umwickelten Rollen, die diese Schneemänner so fest im Arm halten, kannst du dein Geschenk stecken. Du kannst natürlich auch einen Adventskalender aus 24 Schneemännern basteln. Wie man einen Geschenknikolaus bastelt, erfährst du auf der nächsten Seite

Das schönste kleine Geschenk macht noch mehr Spaß, wenn es auch mit Liebe verpackt ist. Diese Geschenkverpackungen sind besonders hübsch und doch leicht zu basteln. Die Papprollen – am besten geeignet sind die Innenrollen vom Toilettenpapier – bereitest du vor, wie auf Seite 113 beim Adventskalender beschrieben. Sie brauchen unten einen Boden und müssen rundum mit Krepp- oder Geschenkpapier eingekleidet sein. Wenn du das Geschenk hineingetan hast, bindest du sie oben mit Geschenkband zu. Dann wird die Rolle am Schneemann festgeklebt. Wer so ein Geschenk bekommt, sollte vorsichtig das Band lösen, sein Geschenk herausnehmen und die Rolle wieder zubinden. So bleibt das kleine Kunstwerk erhalten und erfreut noch einen ganzen Winter lang.

1

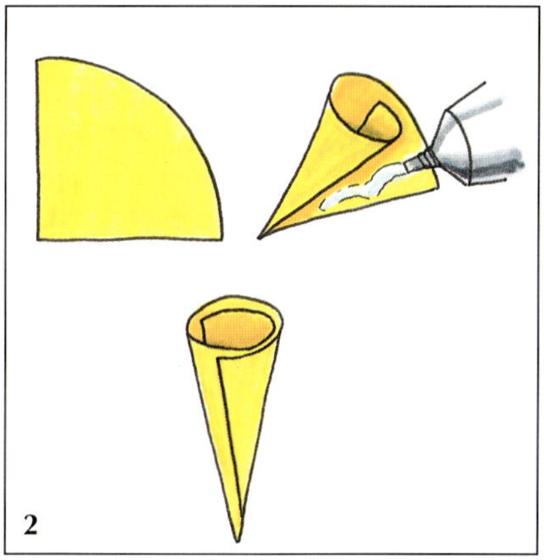
2

3

4

1. Schneide nach dem Vorlagebogen (Seite 158/159) den Schneemann aus weißem Tonkarton und den Hut aus beliebig farbigem Tonpapier

2. Drehe den Viertelkreis zu einer Tüte und klebe sie dem Schneemann als Nase ins Gesicht

3. Male dem Schneemann mit Filzstift Mund und Augen

4. Drücke ihm die gefüllte Rolle in die Arme. Damit der Schneemann sie auch wirklich halten kann, klebst du ihm die Rolle am Bauch und an den Armen fest

Du brauchst:
eine leere, gut gespülte Konservendose
Ton- und Kreppapier
Schere, Klebstoff
Watte
Geschenkband

Nikolaus

Wer würde glauben, daß sich unter diesem lustigen Nikolaus eine Konservendose verbirgt? Sei aber vorsichtig, die Ränder einer Dose können sehr scharf sein! Drücke die Schnittkante erst rundum mit einer Flachzange platt, damit sich niemand mehr daran verletzen kann. Kleide die Dose mit etwas Papier oder Watte aus, ehe du dein Geschenk hineintust.

1. Umkleide die Dose mit rotem Tonpapier und klebe dann am oberen Rand einen Streifen Kreppapier oder Filz an. Fülle die Dose und binde sie mit Geschenkband zu

2. Mache dem Nikolaus aus Tonpapier ein Gesicht (Vorlagebogen Seite 159/160), klebe ihm einen Wattebart an und umkleide die Mütze dann mit Watte

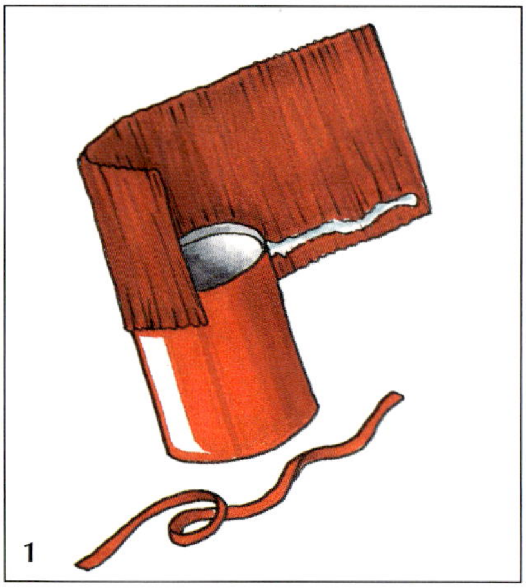
1

2

Prosit Neujahr!

Mit Raketengeschwindigkeit geht's zum guten Schluß ab ins neue Jahr. Dieses Fensterbild läßt sich nach der Vorlage auf Seite 158/159 einfach nacharbeiten. Raketenspitze und Feuerschweif brauchst du zweimal, ebenso alle Teile für das Schwein. Das Raketenmittelteil brauchst du nur einmal. Welche Farben du für deine Rakete wählst, ist dir überlassen, vielleicht möchtest du sie ja sogar in schimmernder Silberfolie gestalten? Bitte, dem steht gar nichts entgegen. Das Schwierigste ist noch das Gesicht des verschmitzt grinsenden Schweins, das sich, wie man sieht, sehr auf das neue Jahr freut. Du kannst das Gesicht am besten mit Filzstift aufmalen. Für die schwarzen Pupillen eignen sich zwei Stanzreste aus dem Locher, sie haben genau die richtige Größe und sind kreisrund. Auf die Rakete klebst du zur Verzierung Goldsternchen, die es selbstklebend fertig zu kaufen gibt.

Du brauchst:
Tonpapier
Stickersternchen
Transparentpapier
Stifte, Schere
Klebstoff

Dieses Glücksschwein kannst du auch mit anderen Motiven, die Glück symbolisieren – Hufeisen, vierblättriges Kleeblatt – kombinieren, es ist so angelegt, daß du es verschieden zusammensetzen kannst. Wenn du es zum Beispiel als Vorderansicht basteln willst, mußt du nur den Schwanz weglassen, und die Arme und Beine rechts und links ankleben. Wenn du willst, kannst du auf die Rückseite einen Ringelschwanz aufsetzen

Vorlagen für die Bastelarbeiten

e in der Vorlage heißt: einfach ausschneiden; d bedeutet: doppelt ausschneiden

Auf den folgenden Seiten findest du die Vorlagen für alle Bastelarbeiten dieses Buches, außer denen, die so einfach sind, daß man dafür keine Vorlage benötigt. Alle Vorlagen sind in Originalgröße aufgezeichnet; du kannst sie also einfach abpausen, ohne sie verkleinern oder vergrößern zu müssen.

Manche Vorlagen sind allerdings so groß, daß wir eine Doppelseite brauchten, um sie ganz abzubilden. Die Abpausvorlage geht dann über den „Knick" in der Mitte der Doppelseite, zum Beispiel beim Drachen „Fauch von Feuerstein" von Seite 103 (Vorlage auf Seite 152/153) oder beim Fensterbild „Prosit Neujahr" von Seite 129 (Vorlage auf Seite 158/159).

Damit du auch diese Vorlagen gut abpausen kannst und damit dein abgepaustes Bild selbst später keine Knicke hat, haben wir zwischen der Vorlagenhälfte auf der linken Buchseite und der auf der rechten Buchseite eine kleine gestrichelte Verbindung eingebaut. Du paust am besten zuerst die linke Vorlagenhälfte ab und schiebst dein Blatt dann über die gestrichelte Verbindung ein wenig nach rechts, um mit der rechten Vorlagenhälfte weiterzumachen.

Der Nikolausstrumpf von Seite 114 war leider auch auf einer Doppelseite nicht unterzubringen. Wir mußten ihn daher in Fußteil und Beinteil zerlegen. Du kannst ihn ganz einfach wieder zusammensetzen, indem du dich bei der Vorlage auf Seite 154/155 nach den Buchstaben am Ende von Beinteil und Fußteil richtest. Pause also zunächst das Beinteil ab und lege dann das Blatt so, daß das mit einem „x" markierte Ende des Beinteils an die mit „x" markierte Linie des Fußteils stößt und das mit „y" markierte Ende des Beinteils an die mit „y" markierte Linie. Pause dann einfach weiter!

Rahmen für die Fensterbilder auf Seite 22/23)
jeweils 1 x e
4 x d
4 x d
18 x d
1 x d
1 x d
Hübsche Blumenfenster (Seite 22/23)

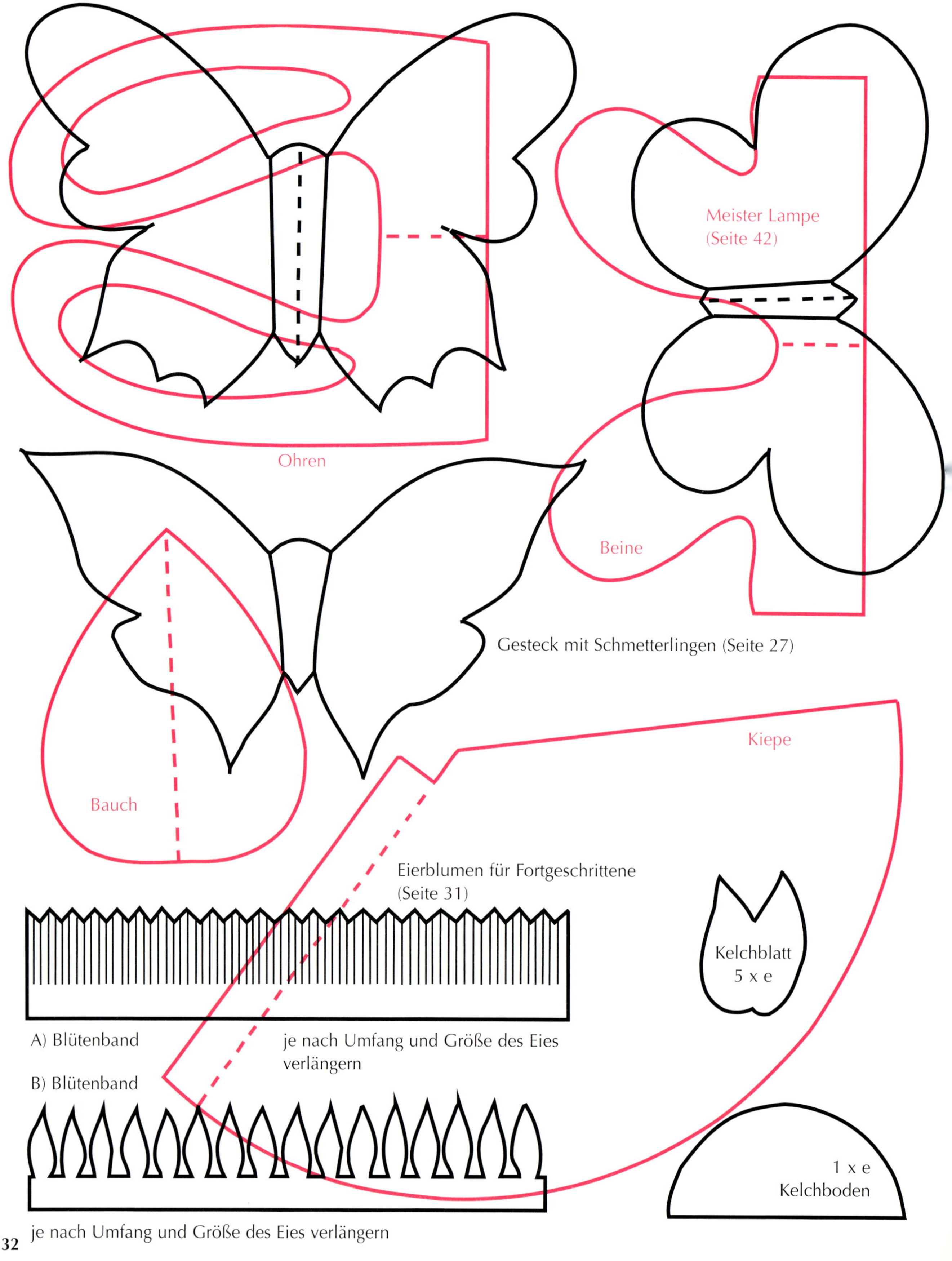
Ohren
Meister Lampe
(Seite 42)
Beine
Gesteck mit Schmetterlingen (Seite 27)
Bauch
Kiepe
Eierblumen für Fortgeschrittene
(Seite 31)
Kelchblatt
5 x e
A) Blütenband
je nach Umfang und Größe des Eies
verlängern
B) Blütenband
1 x e
Kelchboden
je nach Umfang und Größe des Eies verlängern

Parade der Eierclowns (Seite 48/49)

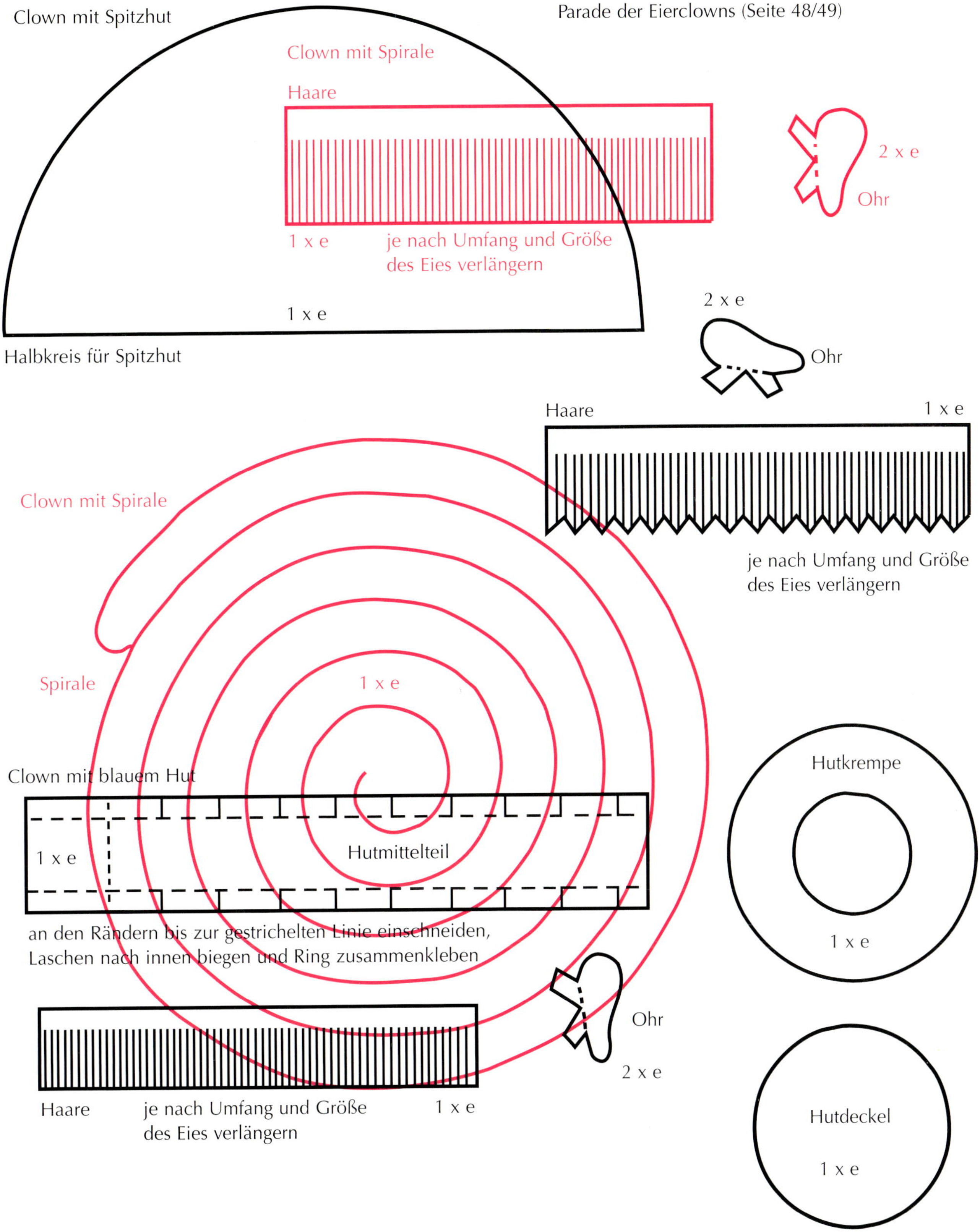

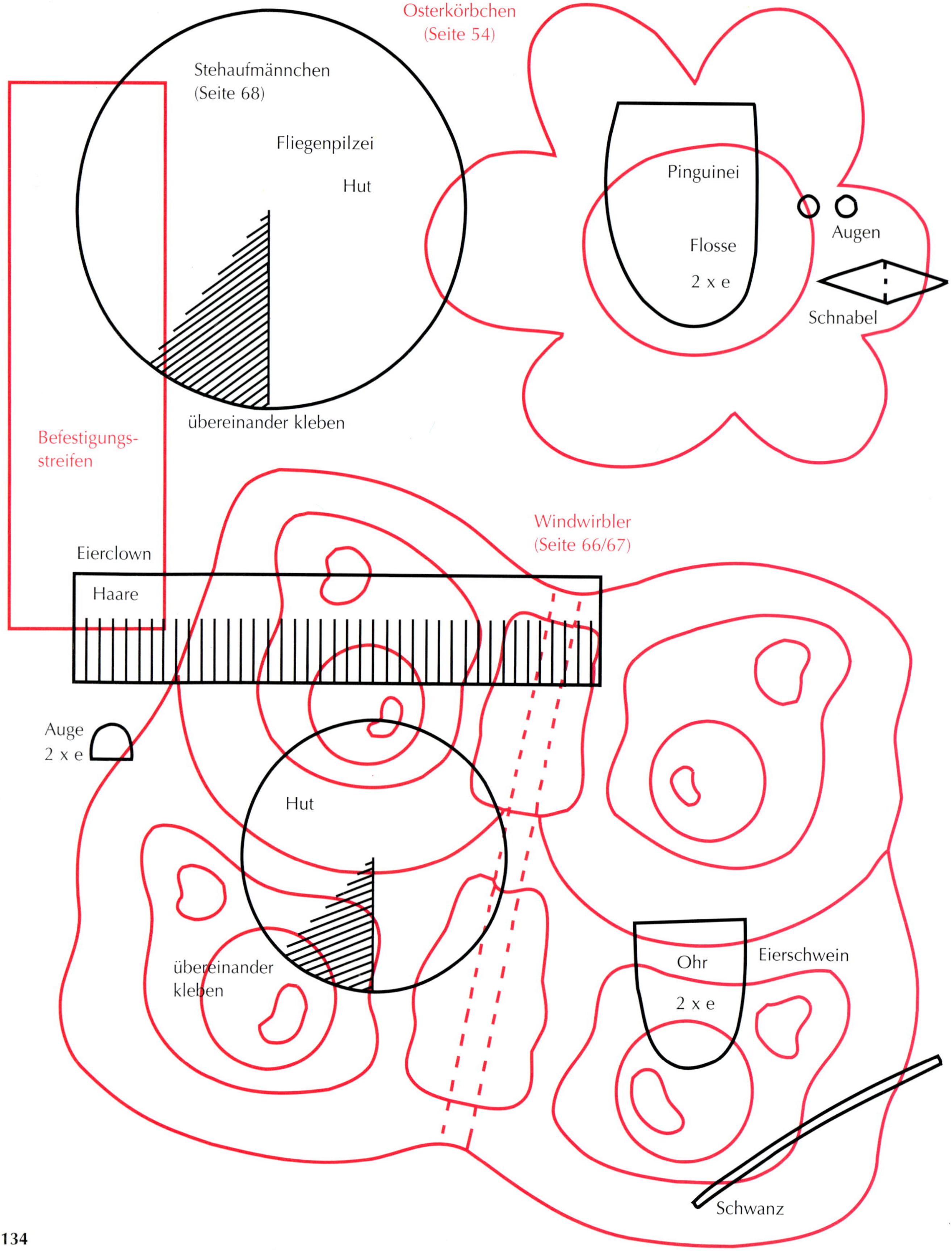
Osterkörbchen
(Seite 54)
Stehaufmännchen
(Seite 68)
Fliegenpilzei
Hut
übereinander kleben
Befestigungs-
streifen
Pinguinei
Flosse
2 x e
Augen
Schnabel
Windwirbler
(Seite 66/67)
Eierclown
Haare
Auge
2 x e
Hut
übereinander
kleben
Ohr
2 x e
Eierschwein
Schwanz

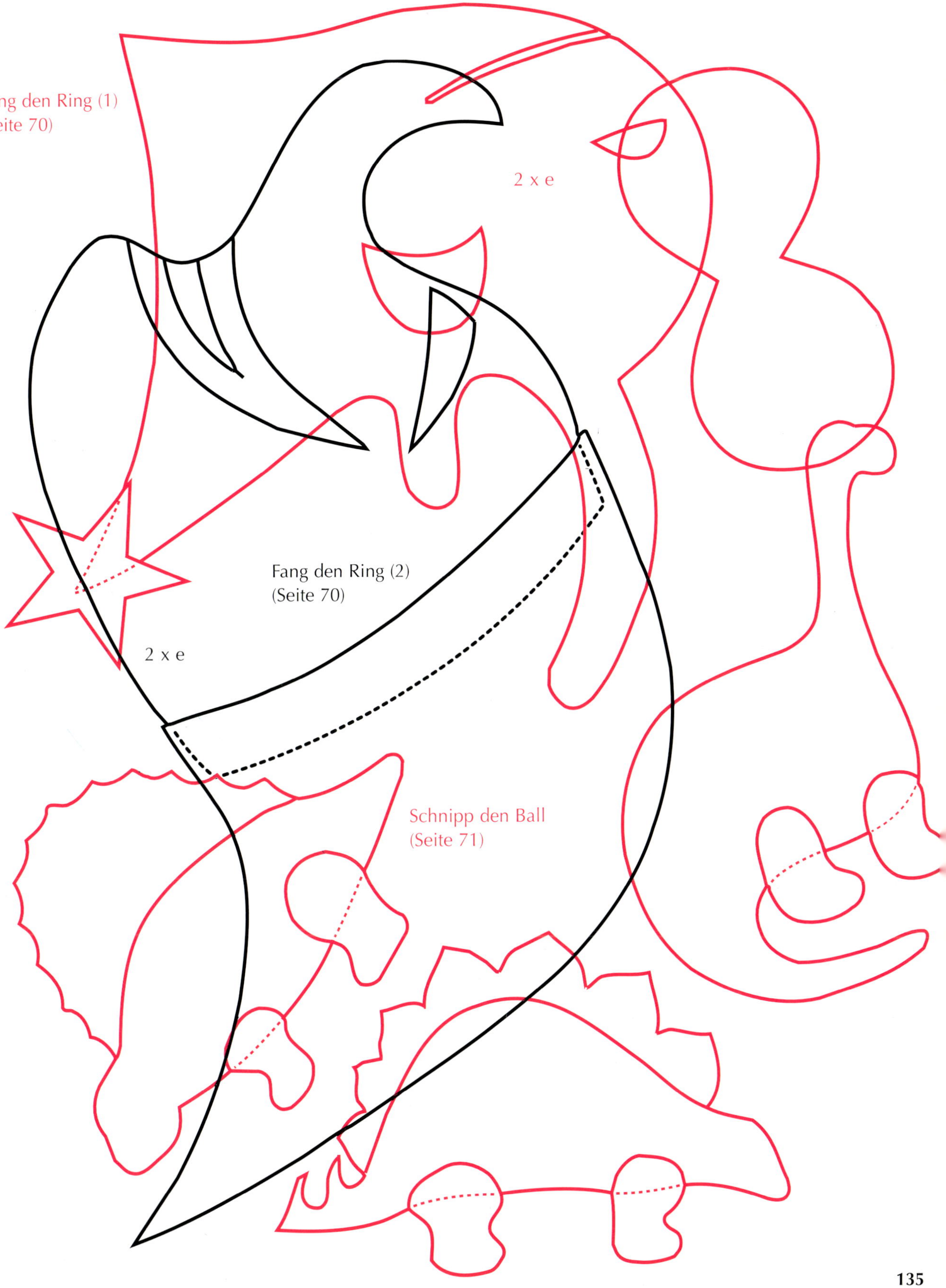
Fang den Ring (1)
(Seite 70)
2 x e
Fang den Ring (2)
(Seite 70)
2 x e
Schnipp den Ball
(Seite 71)

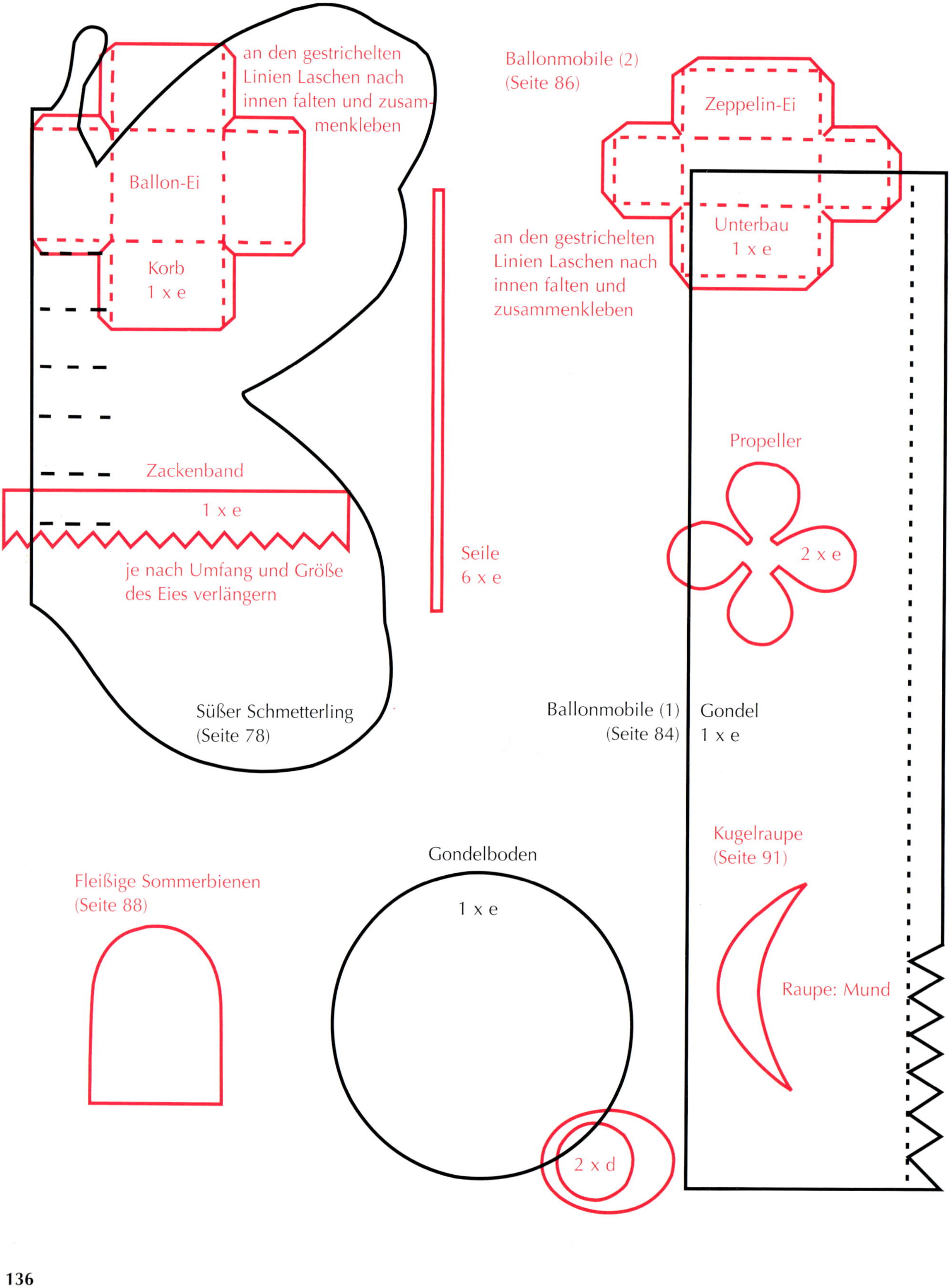
an den gestrichelten Linien Laschen nach innen falten und zusammenkleben
Ballon-Ei
Korb
1 x e
Zackenband
1 x e
je nach Umfang und Größe des Eies verlängern
Süßer Schmetterling
(Seite 78)
Seile
6 x e
Ballonmobile (2)
(Seite 86)
Zeppelin-Ei
Unterbau
1 x e
an den gestrichelten Linien Laschen nach innen falten und zusammenkleben
Propeller
2 x e
Ballonmobile (1)
(Seite 84)
Gondel
1 x e
Kugelraupe
(Seite 91)
Raupe: Mund
Gondelboden
1 x e
2 x d
Fleißige Sommerbienen
(Seite 88)

Lustige Tiere (Schnecke)
(Seite 104)
1 x d
Lustige Tiere (Kätzchen)
(Seite 105)
1 x d
1 x e
1 x d
3 x d
1 x d
1 x d
1 x d

Schadenfroher Osterhase (Seite 51)

Osterdekorationen aus Moosgummi (Seite 52/53)

1 x d

1 x d

1 x d

Steckfiguren aus Moosgummi (Seite 76)

1 x d

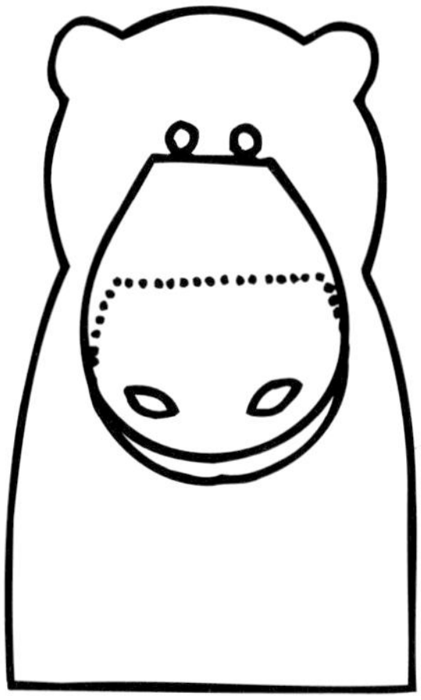

1 x d

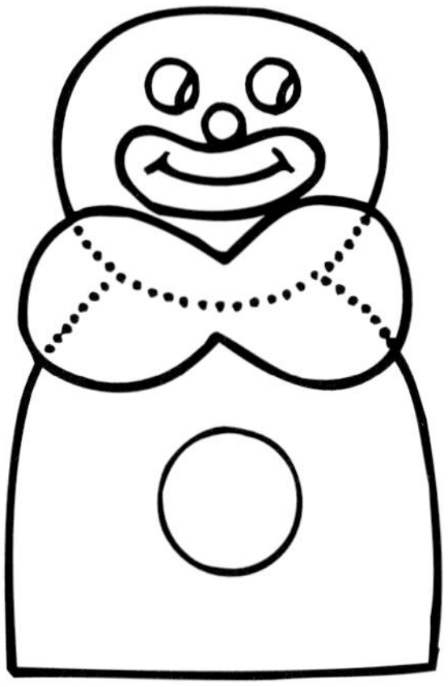

1 x d

1 x d

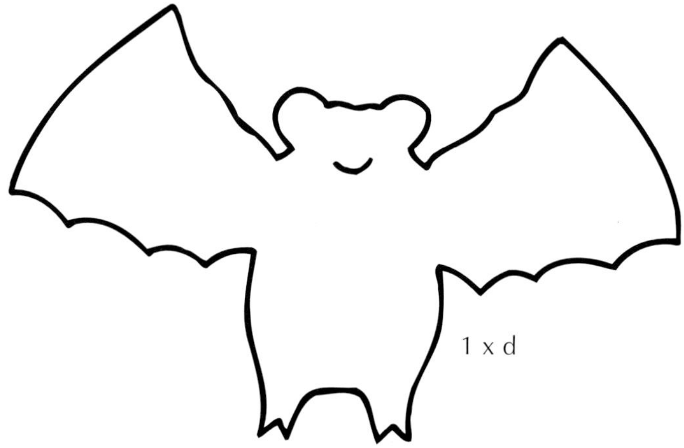

1 x d

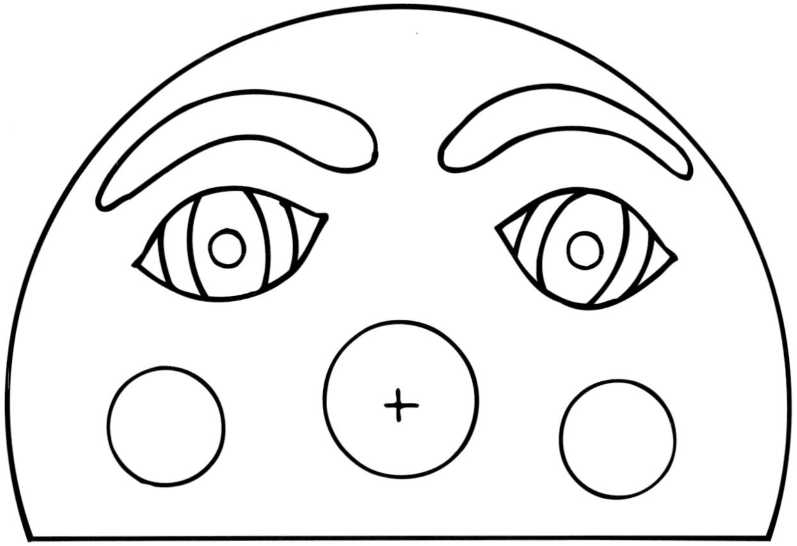

Stimmungsbarometer (Seite 72)

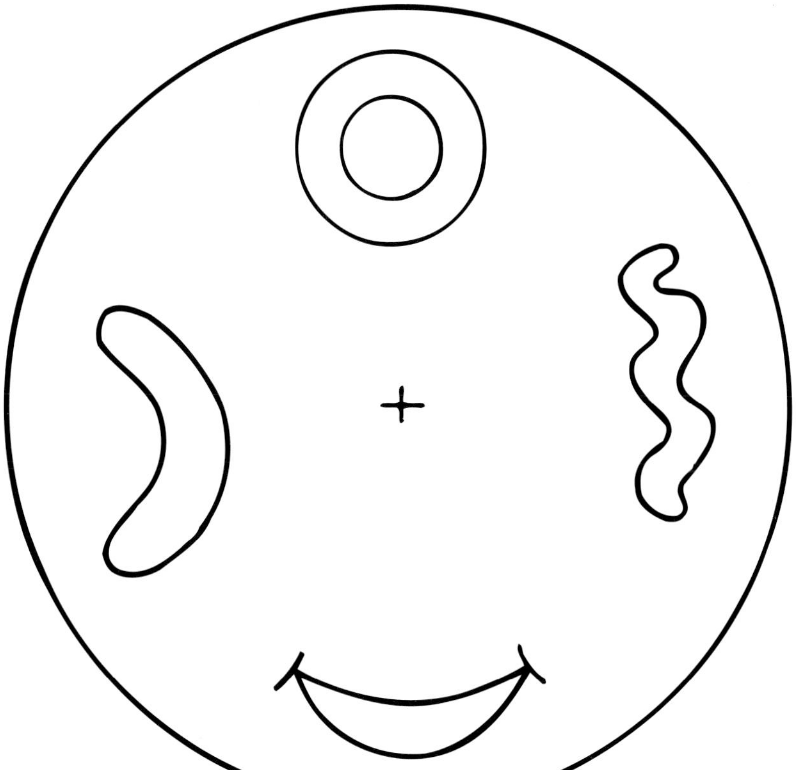

Bärenlokomotive (Seite 99)

Neandertaler (Seite 102)

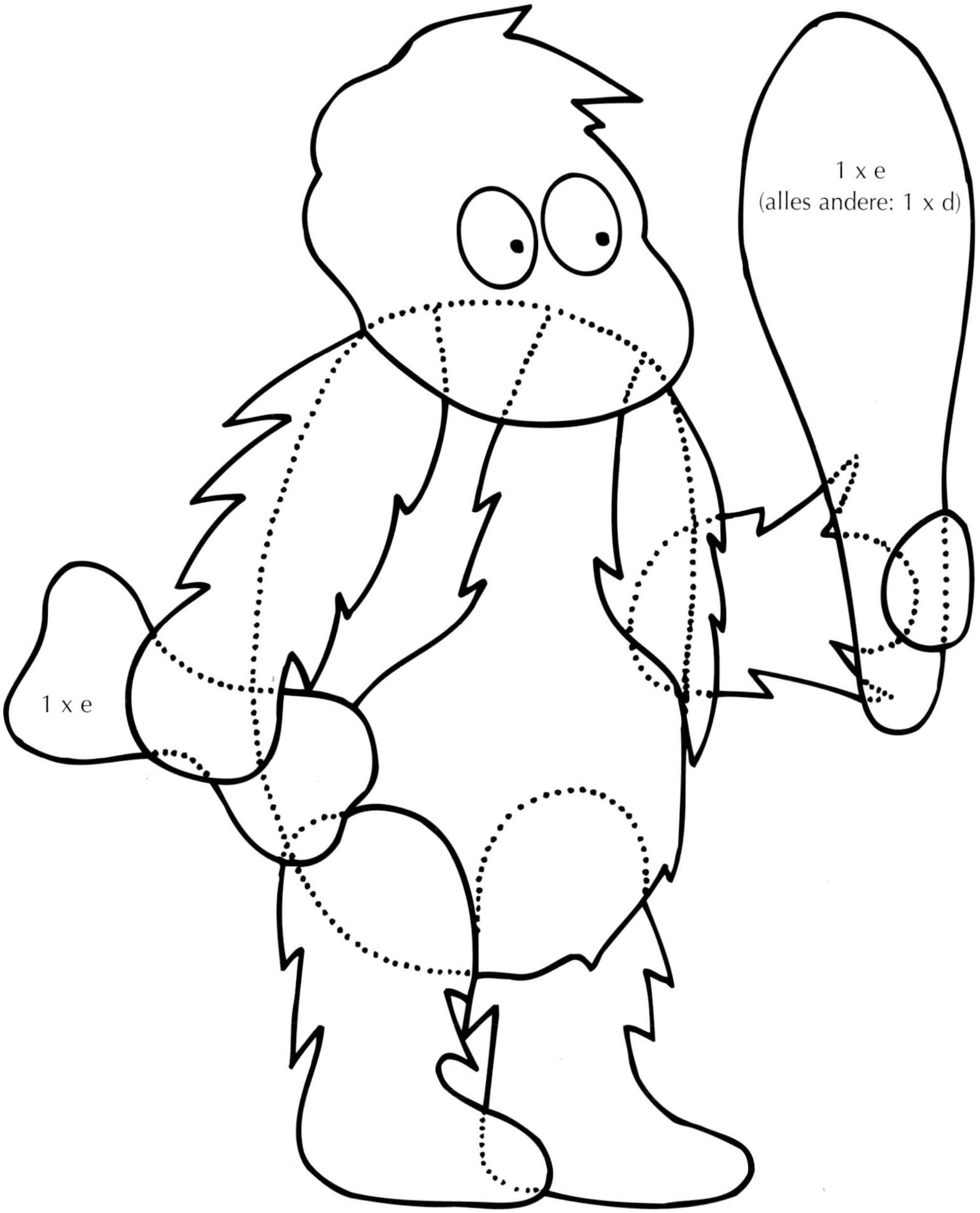

Weihnachtsmotive in Metalldruck
(Seite 118/119)

Tannenbaum Adventskalender
(Seite 112)

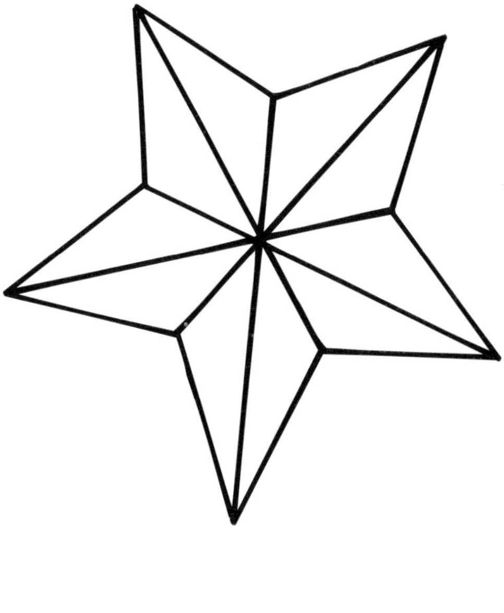

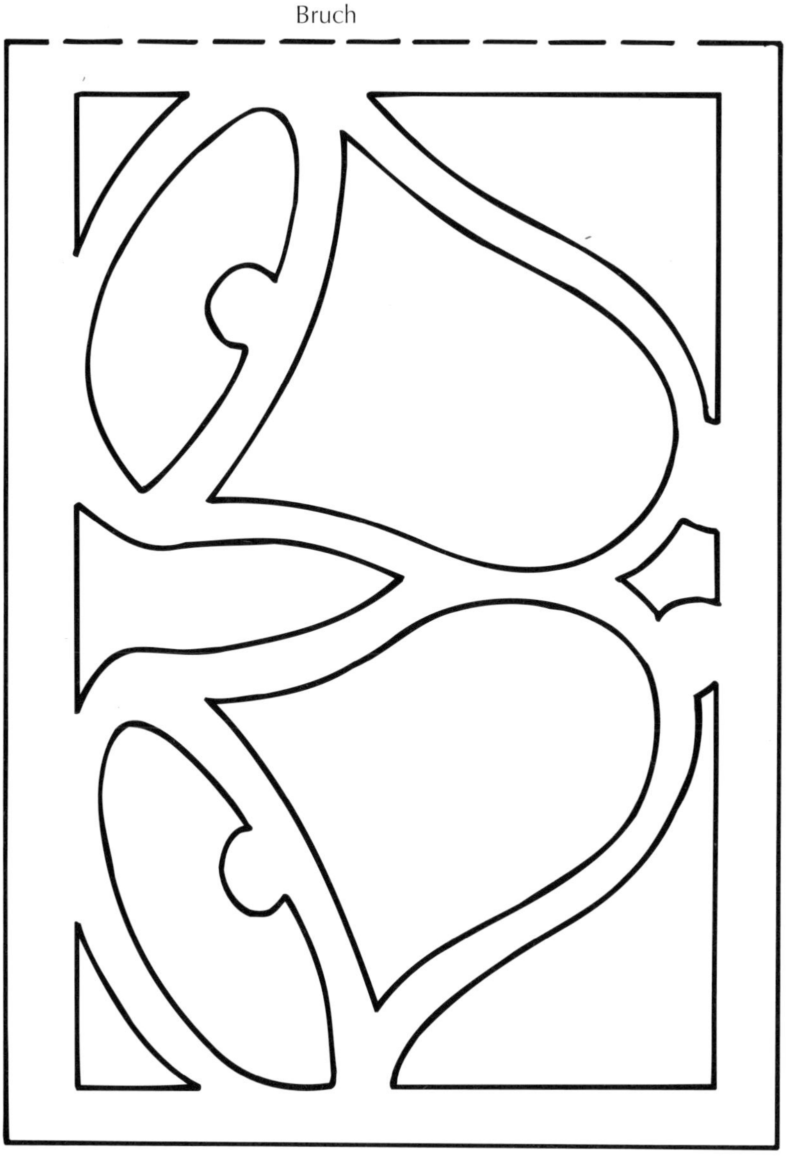

Grußkarten zur Weihnachtszeit
(Seite 116/119)

(Schneemann)
(Seite 107)
1 x e
Passepartoutkarten (Motive)
(Seite 117)

Wintermond
(Seite 106)

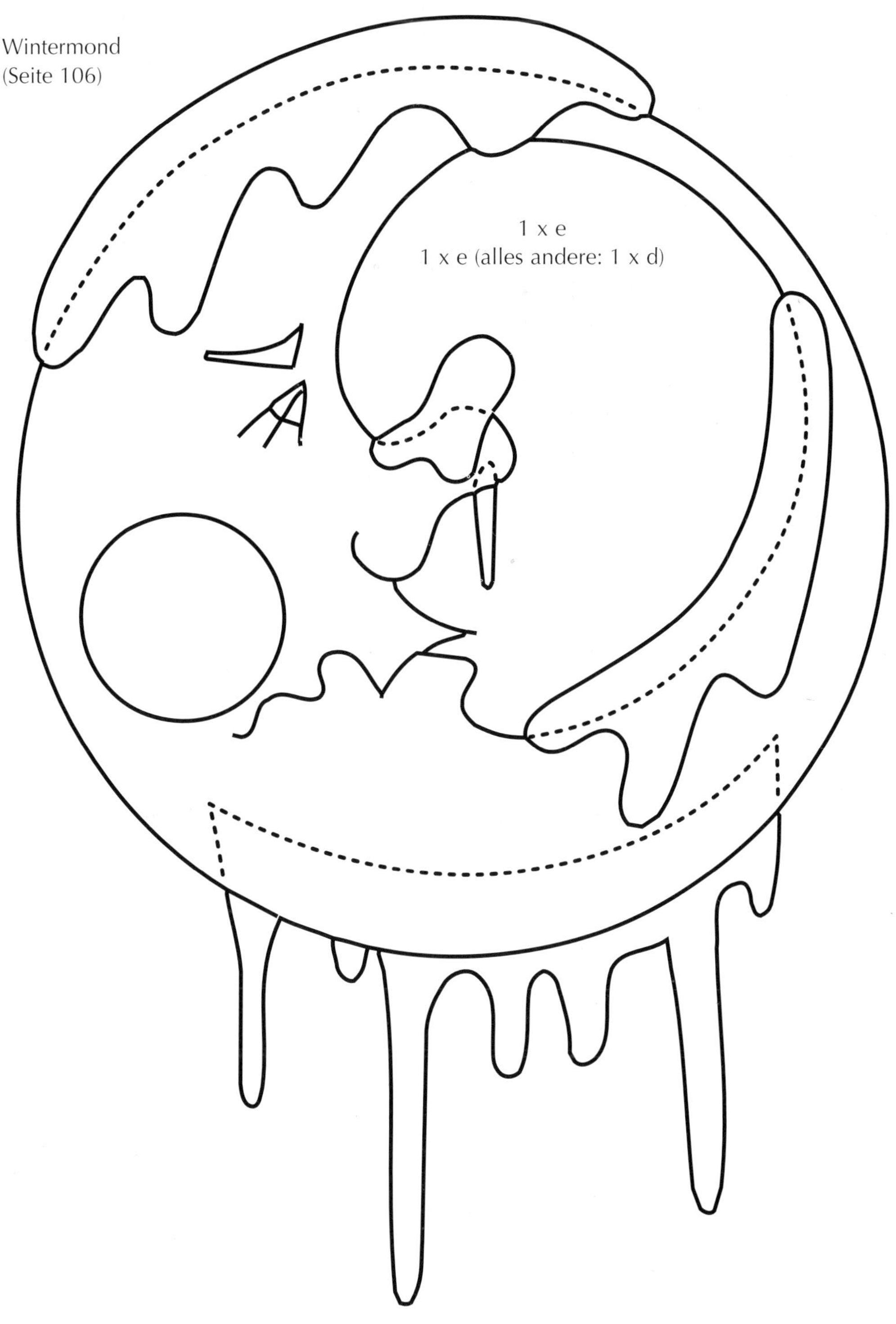

Frühlingsenten
(Seite 98)

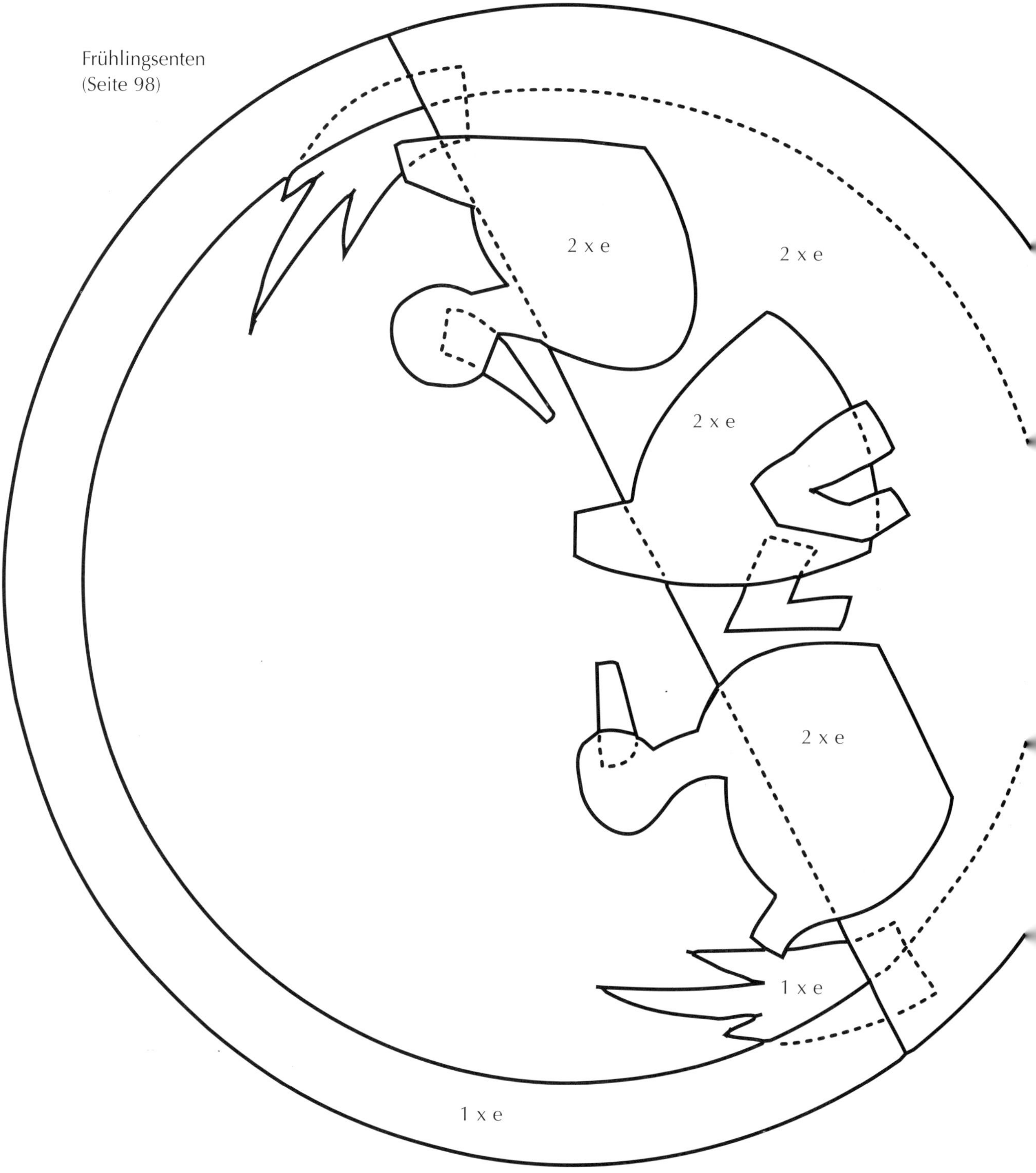

Pinguine
(Seite 94)

Urlaubssonne (Seite 100)

Schiff (Seite 101)

Drache Fauch von Feuerstein (Seite 103)

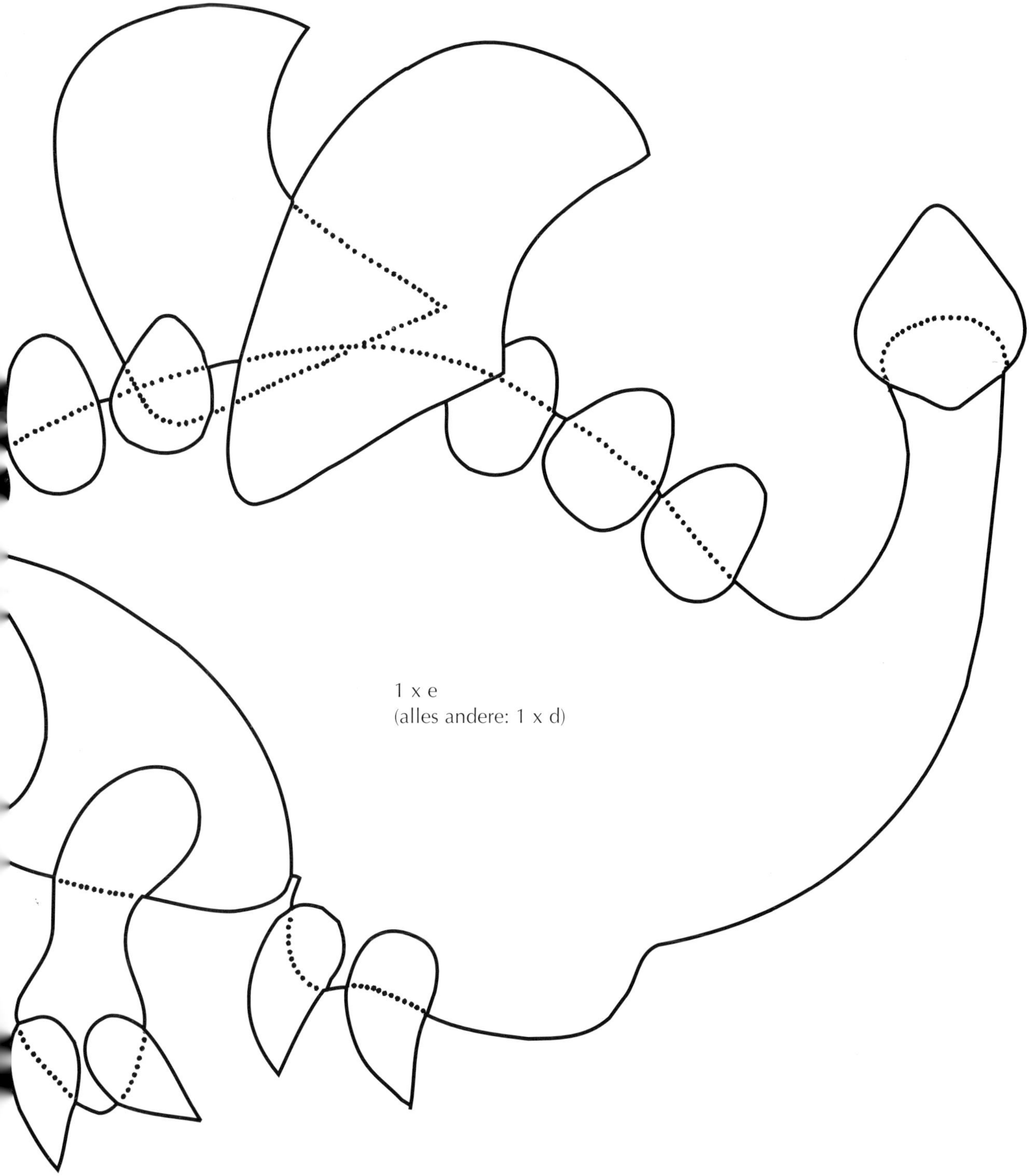
1 x e
(alles andere: 1 x d)

Nikolausstrumpf
(Seite 114)

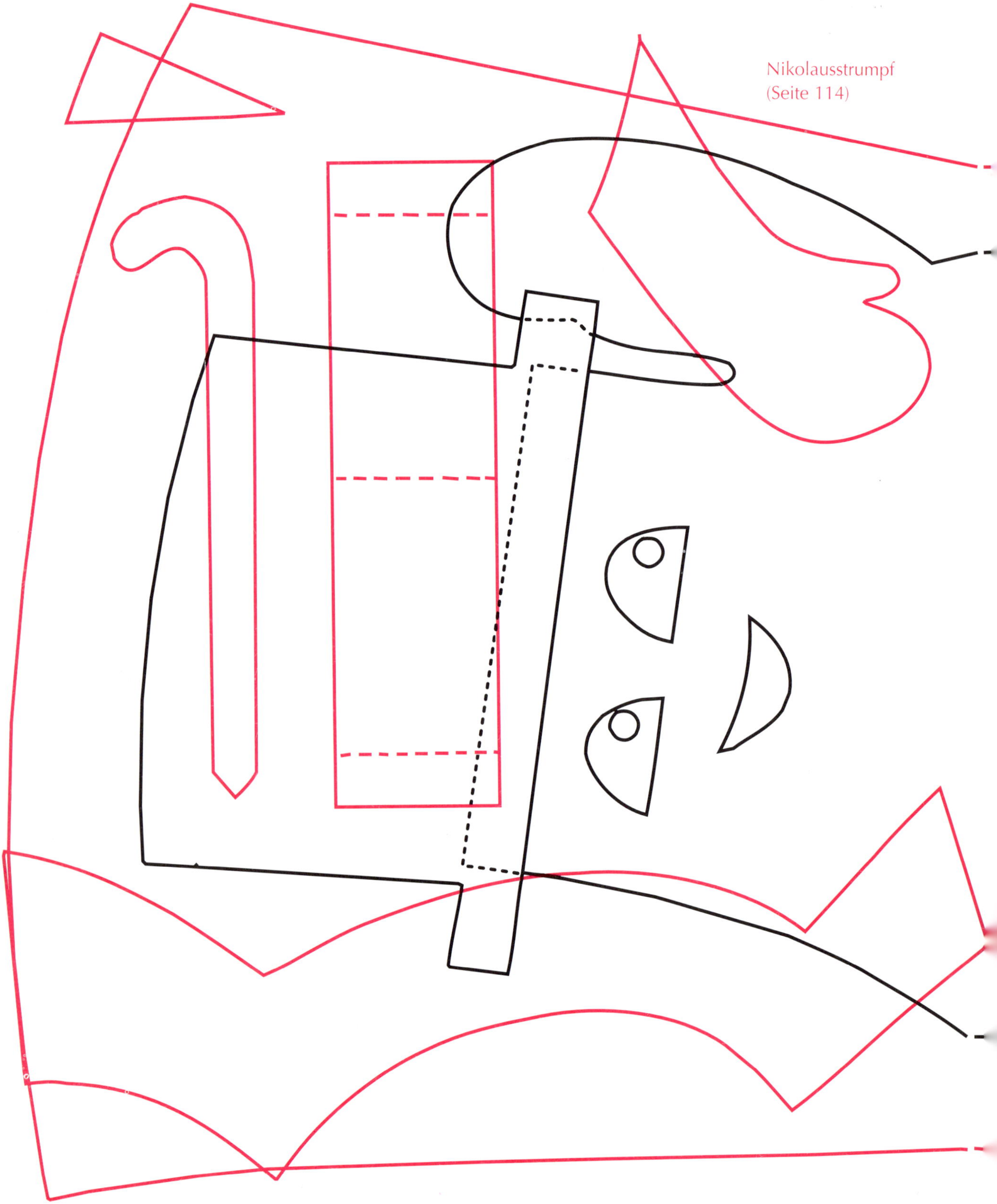

X
X
(für das Zusammensetzen des Strumpfes vgl. Seite 130)
1 x d
(alles andere: 1 x e)
Y
Y

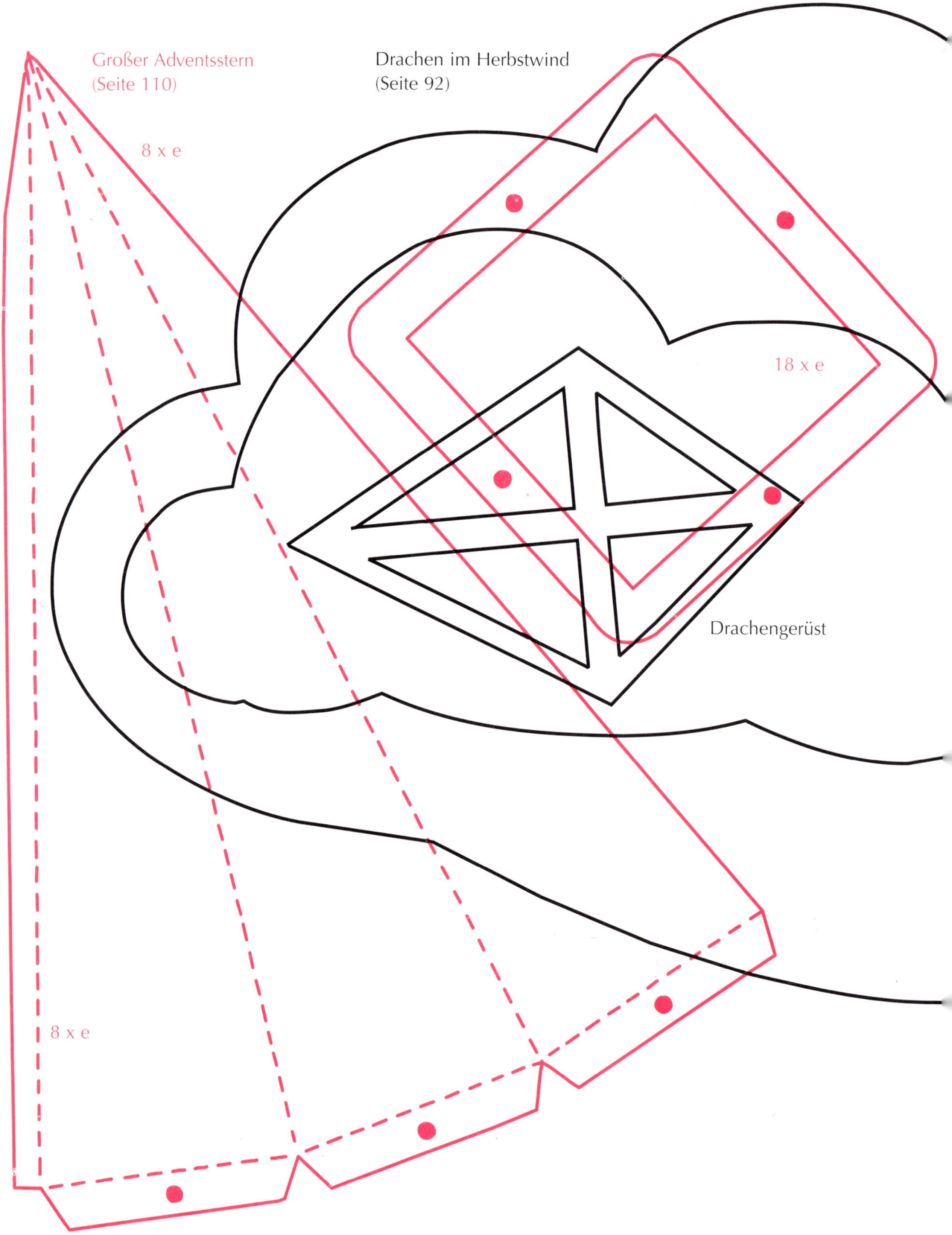
Großer Adventsstern
(Seite 110)
8 x e
Drachen im Herbstwind
(Seite 92)
18 x e
Drachengerüst
8 x e

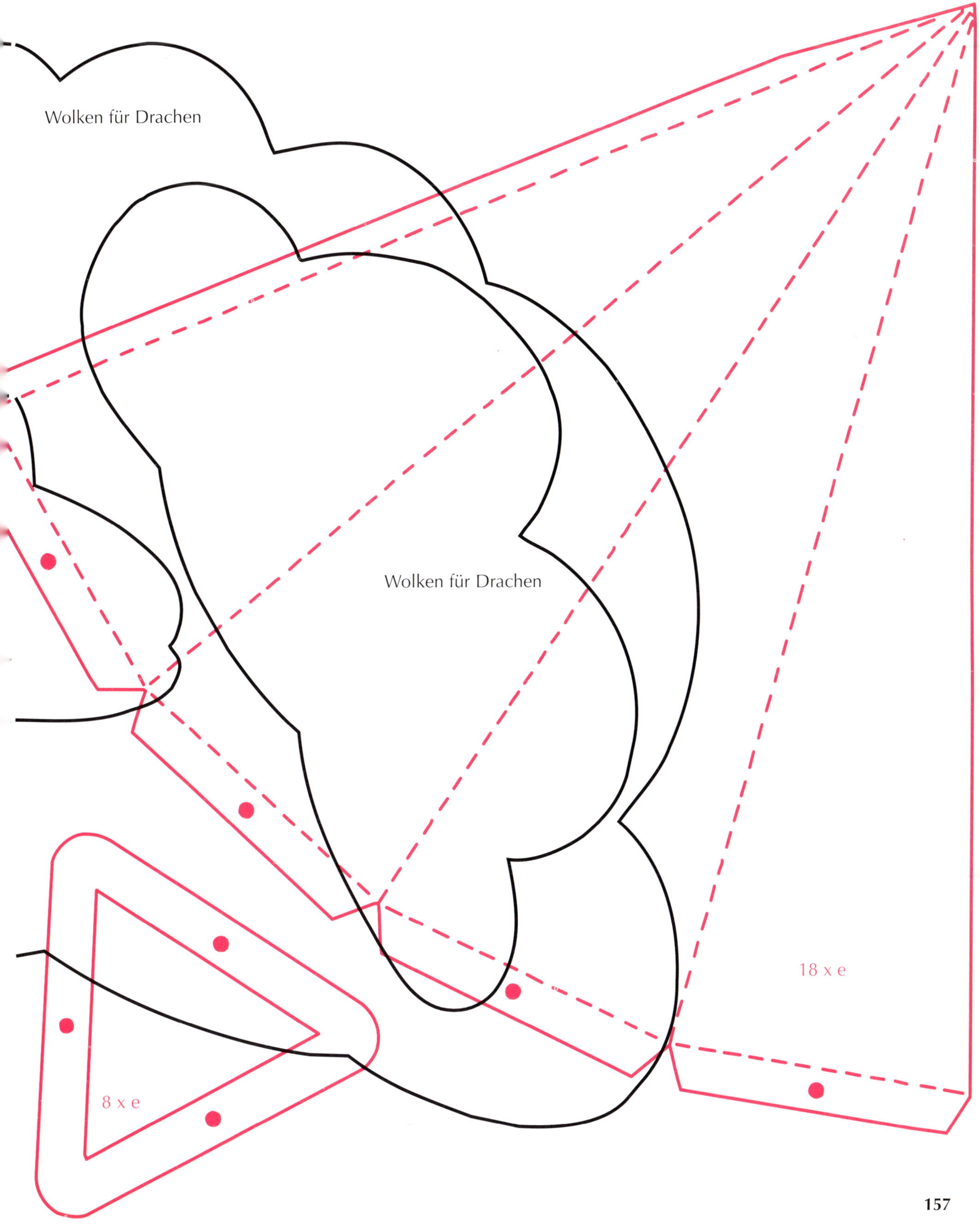
Wolken für Drachen
Wolken für Drachen
18 x e
8 x e

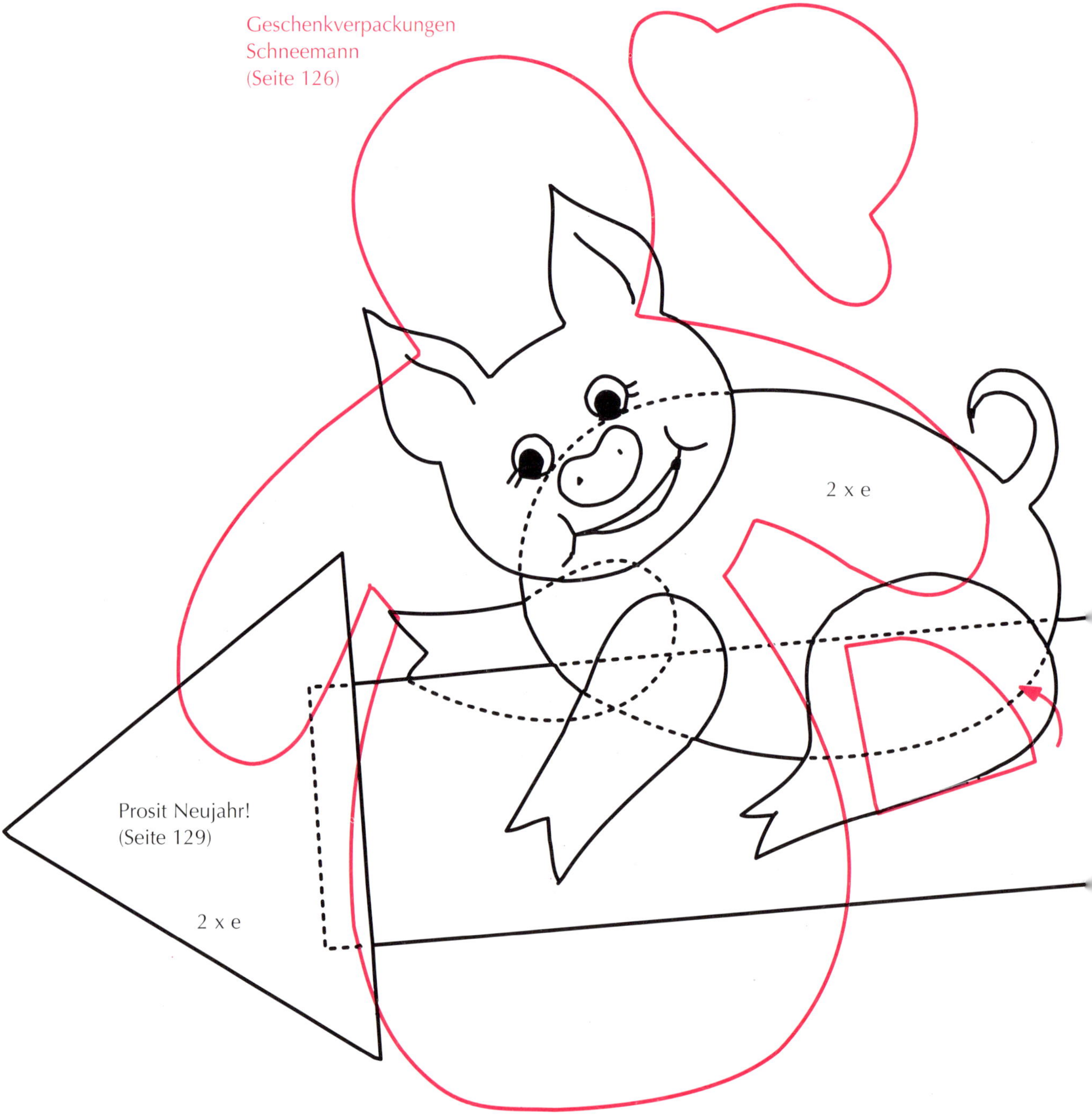
Geschenkverpackungen
Schneemann
(Seite 126)
2 x e
Prosit Neujahr!
(Seite 129)
2 x e

Geschenkverpackungen
(Nikolaus: Gesicht)
(Seite 128)

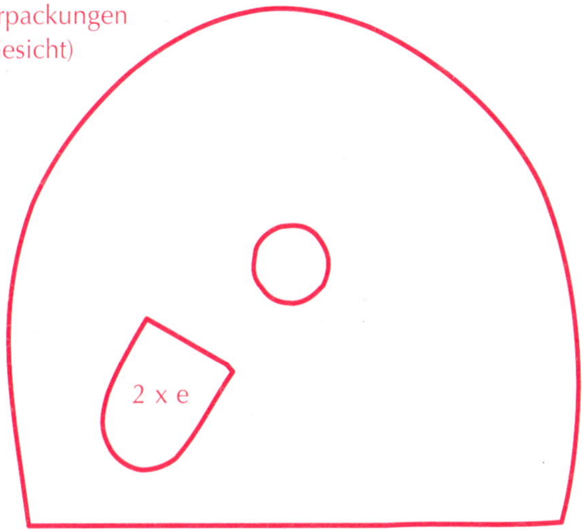

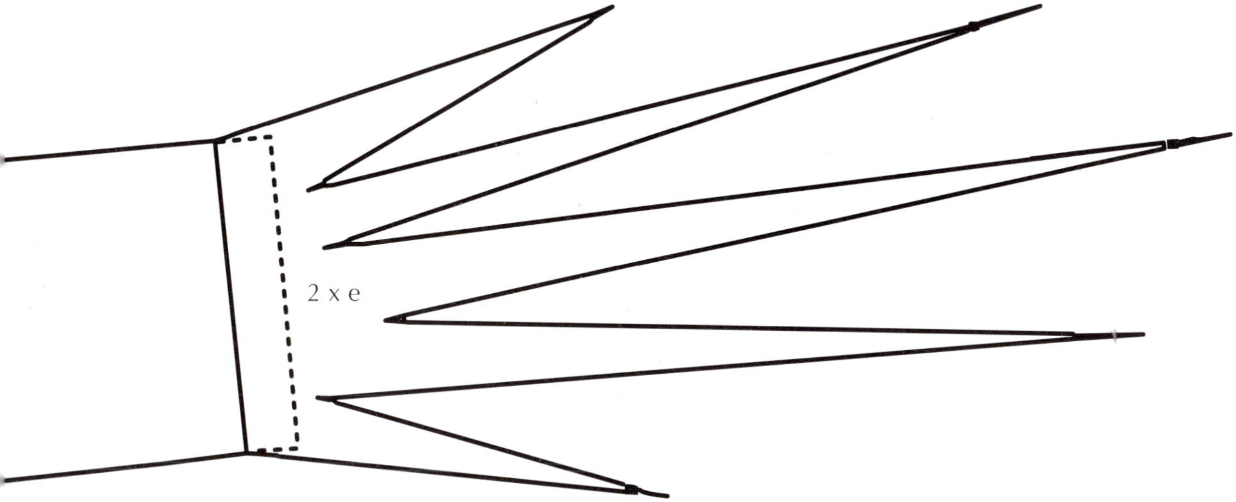

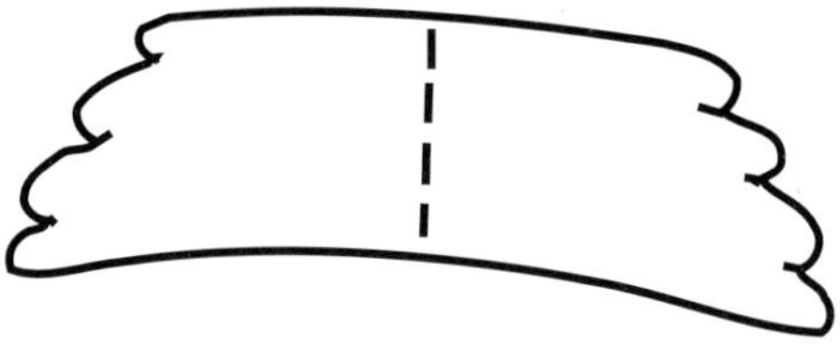

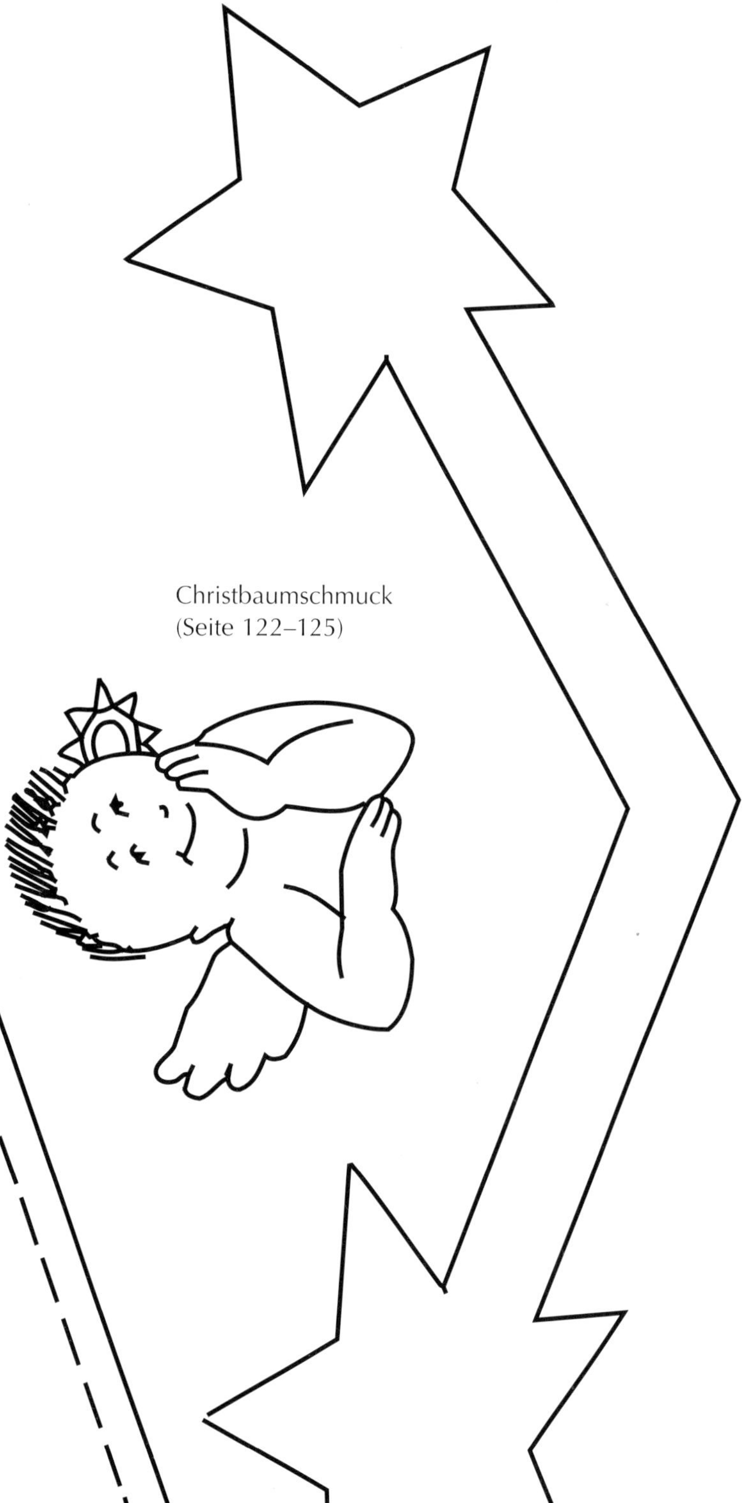

Christbaumschmuck
(Seite 122–125)

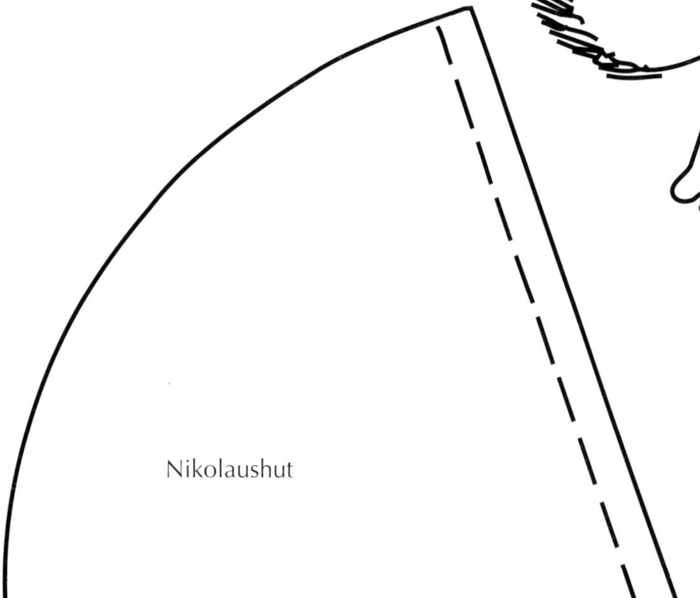

Nikolaushut